Frank Stocker   Wunderbare Schein-Welt Amerikas

Frank Stocker

Wunderbare Schein-Welt Amerikas

**Spannende und faszinierende Geschichten
aus der Welt der amerikanischen Banknoten**

Ein Buch zur erfolgreichen Serie
„Schein-Welt" in der „Welt am Sonntag"

Bibliografische Information der Deutschen Nationalbibliothek

*Die Deutsche Nationalbibliothek verzeichnet diese Publikation in der Deutschen National-
bibliografie; detaillierte bibliografische Daten sind im Internet über www.dnb.de abrufbar.*

© 2014 Frank Stocker
Umschlaggestaltung, Satz und Layout: Frank Stocker
Das Buch basiert auf der Serie „Schein-Welt" in der „Welt am Sonntag". Die Genehmigung zur
Veröffentlichung im Rahmen dieses Buches wurde von Axel Springer SE erteilt.
Das Bildmaterial besteht aus eigenen Scans bzw. Scans, die dem Autor von Ömer Yalcinkaya
für dieses Buch überlassen wurden. Spezieller Dank an ihn.

Herstellung und Verlag: BoD – Books on Demand, Norderstedt
ISBN 9783735792693

Informationen zu allen Büchern, die zu der Serie erschienen sind, unter www.schein-welt.info

Inhalt

Vorwort

Amerika fühlen wir uns besonders verbunden. Schließlich wurde die Neue Welt einst von unseresgleichen besiedelt. Schließlich basiert die Kultur dort auf der europäischen. Schließlich verbindet uns eine jahrhundertelange enge Geschichte.

Doch so richtig das klingt, so falsch ist es in vielerlei Hinsicht. Denn diese Sicht unterschlägt beispielsweise, dass natürlich schon vor der Ankunft der Europäer in Amerika Menschen und Kulturen existierten. Und sie übersieht, dass sich im Laufe der Jahrhunderte manches sehr weit auseinander entwickelt hat.

Sehr leicht lässt sich das auf den Banknoten des Kontinents nachvollziehen. Dort begegnen uns historische Persönlichkeiten, von denen die wenigsten bei uns gehört haben, die aber für die Nationen oft identitätsstiftende Funktion haben. Über die Darstellungen können wir auch eintauchen in die dramatische und oft tragische Geschichte der Staaten, die bei uns kaum präsent ist. Wer weiß schon, dass Bolivien lange Zeit einen Zugang zum Meer hatte und das entsprechende Gebiet im so genannten Salpeterkrieg verlor? Wer hat schon vom Fußballkrieg zwischen Honduras und El Salvador gehört?

Erfahren Sie mehr darüber in dem vorliegenden Buch, das sie mitnimmt auf eine spannende und abenteuerliche Reise durch die Welt der amerikanischen Banknoten. Sie werden dabei viel von Geschichte und Kultur lernen, die bunte und vielfältige Natur des Kontinents erahnen und vielleicht sogar etwas über Inseln und Staaten erfahren, von denen Sie zuvor noch nie gehört haben. Oder können Sie auf Anhieb sagen, wo St. Vincent und die Grenadinen liegen?

Alle Geschichten dieses Buches basieren auf der Artikel-Serie „Schein-Welt", die bereits seit September 2010 jede Woche in der „Welt am Sonntag" erscheint. Die Artikel wurden komplett überarbeitet und ergänzt. Zudem wurden sie mit einer Vielzahl von Abbildungen der beschriebenen Banknoten illustriert. Weitere Bücher sind auch zu den Banknoten Europas, Asiens und Ozeaniens sowie Afrikas erschienen. Zudem gibt es natürlich auch einen Band mit Artikeln zu allen aktuellen Währungen der Welt.

Mit den Büchern komme ich dem Wunsch vieler Leser der Serie in der „Welt am Sonntag" nach, die immer wieder gefragt hatten, ob es diese auch in Buchform gebe. Leider hat es recht lange gedauert, bis das Projekt realisiert werden konnte.

Denn der naheliegende Weg über einen Verlag funktionierte nicht. Zwar fanden diverse Verlage die Idee hochinteressant. Letztlich lehnten sie dann aber stets ab, da ihnen die Kosten zu hoch erschienen. Denn natürlich müssen die Bilder der Banknoten im Buch im Vierfarbendruck gedruckt werden. Das erhöht jedoch die Kosten, und dies ließ die Verlage zurückschrecken.

Daher habe ich dieses und auch die anderen Bücher nun im Eigenverlag herausgegeben. das senkte die Kosten. Dennoch ist ein Vierfarbdruck nach wie vor relativ teuer. Genau aus diesem Grund habe ich mehrere Bücher herausgegeben, die die verschiedenen Erdteile abdecken. So ist jedes dieser Bücher relativ günstig, und wer erst einmal in die Welt der Banknoten hineinschnuppern möchte, kann dies auf diesem Wege tun. Wer dann mehr wissen möchte und die komplette Reise um die Welt absolvieren will, der kann die Gesamtausgabe erwerben. Hinweise zu allen erschienenen Büchern gibt es auf einer eigenen Internetseite unter www.schein-welt.info.

Nun soll aber keine Zeit mehr verloren werden. Los geht's mit der Reise durch Nord-, Mittel- und Südamerika. Lassen Sie sich von der Neuen Welt und ihren Banknoten faszinieren.

Viel Spaß beim Lesen wünscht

RUSSLAND

ARKTISCHER OZEAN

Beringmeer

DÄNEMARK
(Grönland)

Grönlandsee

ISLAND

VEREINIGTE
STAATEN
(Alaska)

Beaufortsee

Baffin Bay

Golf von
Alaska

Labradorsee

PAZIFISCHER
OZEAN

Hudson
Bay

KANADA

FRANKREICH
(Saint-Pierre
und Miquelon)

AB	Antigua und Barbuda
BA	Barbados
DO	Dominica
DR	Dominikanische Republik
GR	Grenada
SKN	St. Kitts und Nevis
SL	St. Lucia
SVG	St. Vincent und die Grenadinen
TT	Trinidad und Tobago
GU	FRANKREICH (Guadeloupe)
MA	FRANKREICH (Martinique)
SB	FRANKREICH (Saint-Barthélemy)
SMF	FRANKREICH (Saint-Martin)
AN	VEREINIGTES KÖNIGREICH (Anguilla)
BJ	VEREINIGTES KÖNIGREICH (Britische Jungferninseln)
KA	VEREINIGTES KÖNIGREICH (Kaimaninseln)
MO	VEREINIGTES KÖNIGREICH (Montserrat)
TC	VEREINIGTES KÖNIGREICH (Turks- und Caicosinseln)
AJ	VEREINIGTE STAATEN (Amerikanische Jungferninseln)
NA	VEREINIGTE STAATEN (Navassa)
PR	VEREINIGTE STAATEN (Puerto Rico)
ABC	NIEDERLANDE (ABC-Inseln)
SA	NIEDERLANDE (Saba)
SE	NIEDERLANDE (Sint Eustatius)
SMNL	NIEDERLANDE (Sint Maarten)

ATLANTISCHER
OZEAN

VEREINIGTE
STAATEN

VEREINIGTES
KÖNIGREICH
(Bermuda)

Golf von
Mexiko

BAHAMAS

KUBA

TC

DR

MEXIKO

SMNL/SMF
AN
BJ
SB
AB
MO
GU
DO
MA

PR
AJ SÁ SE SKN

BA
SVG
GR
TT

NA
HAITI

JAMAIKA

Karibisches Meer

ABC

BELIZE
HONDURAS

GUATEMALA
EL SALVADOR
NICARAGUA
COSTA RICA
PANAMA

VENEZUELA

KOLUMBIEN

BAHAMAS

TC

KUBA

DR

NA

HAITI

JAMAIKA

KUBA

Karibisches Meer

SMNL/SMF
AN
BJ
PR
AJ

SB
AB
MO
GU
DO
MA

SÁ SE SKN

BA
SL
GR
SVG

ABC

10

Karibisches Meer

NIEDERLANDE
(ABC-Inseln)

TRINIDAD UND TOBAGO

VENEZUELA

GUYANA

SURINAME

FRANKREICH
(Französisch-Guayana)

PANAMA

KOLUMBIEN

ECUADOR

ECUADOR
(Galápagos-Inseln)

PERU

BRASILIEN

BOLIVIEN

PARA-
GUAY

CHILE

ARGENTINIEN

URUGUAY

ATLANTISCHER
OZEAN

PAZIFISCHER
OZEAN

VEREINIGTES
KÖNIGREICH
(Falklandinseln)

VEREINIGTES
KÖNIGREICH
(Südgeorgien und
die Südlichen
Sandwichinseln)

ANTARKTISCHER OZEAN

11

Argentinien

Die knappe Erinnerung an bessere Zeiten

Dass Menschen das Geld ausgeht, ist nichts, was auf eine Region der Welt beschränkt wäre. In dieser Lage war wohl jeder schon einmal. Doch die Argentinier leiden darunter auf ganz besondere Weise: Mancher besitzt zwar genug Geld, ihm fehlt aber das Zahlungsmittel. Denn das Land wurde in den vergangenen Jahren immer wieder mal von einer Knappheit an 100-Peso-Scheinen geplagt.

Und das ist fatal. Denn die Banknote ist zwar kaum zehn Euro wert, Scheine mit höherem Wert gibt es aber nicht. Daher sind die Menschen für fast alle Bezahlvorgänge auf die Hunderter angewiesen, zumal der bargeldlose Zahlungsverkehr noch sehr unterentwickelt ist. Da die Nationalbank aber mit dem Drucken neuer Scheine nicht nachkommt, funktionierten 2010 und 2011 Geldautomaten oft nicht, Löhne konnten nicht ausbezahlt, Rechnungen nicht beglichen werden. 2010 kam es daher sogar zu Protesten in der Hauptstadt.

Fläche: 2.780.400 km²
Einwohner: 40,1 Mio.
Amtssprache: Spanisch
1 Argentinischer Peso = 100 Centavos
Scheine in Umlauf: 2, 5, 10, 20, 50, 100 Pesos
1 Euro = 10,95 Pesos

Dabei wäre das Problem recht leicht zu lösen, indem einfach Scheine mit höherem Wert eingeführt würden. Damit würde die Regierung aber zugeben, dass Argentinien ein Inflationsproblem hat. In den vergangenen Jahren hat sie jedoch bereits alles getan, um dies abzustreiten, selbst die Berechnung der Inflationsrate wurde so verändert, dass sie offiziell bei rund zehn Prozent liegt. Unabhängige Institute schätzen sie jedoch auf etwa 25 Prozent.

Die Inflation ist indes eine permanente Plage. Seit den 40er-Jahren wertet der Peso mit riesigen Sprüngen ab. Den traurigen Rekord stellten die Jahre 1989/90 auf, als das Geld innerhalb von zwölf Monaten 99 Prozent des Wertes verlor. Es folgte eine Dekade relativer Stabilität, bevor es dann mit der Argentinien-Krise Ende 2001 wieder bergab ging.

Bei all dem Ungemach der letzten Jahrzehnte verwundert es nicht, dass auf den Scheinen nur Persönlichkeiten aus besseren Zeiten, namentlich aus dem 19. Jahrhundert, abgebildet sind. Einer der „Jüngsten" ist Julio Argentino Roca, der den 100-Peso-Schein ziert. Er war Präsident von 1880 bis 1886 sowie von 1898 bis 1904. Seine Heldentaten werden auf der Rückseite in aller Ausführlichkeit beschrieben. Über neun Zeilen erstreckt sich der Text, bebildert ist er mit einer Szene aus der so genannten „Eroberung der Wüste", womit die endgültige Unterwerfung der Indios gemeint ist.

Auch auf den anderen Scheinen wird jeweils genau beschrieben, was die dargestellten Nationalhelden geleistet haben. So ist auf dem 20-er Schein vorne Juan Manuel de Rosas

zu sehen, der die Argentinische Föderation am 20.
November 1845 in eine
Seeschlacht gegen engli-
sche und französische Han-
delsschiffe schickte. Auf
der Rückseite ist diese so
genannte Schlacht von
Vuelta de Obligado darge-
stellt, deren Datum heute
als Nationalfeiertag in Argentinien begangen wird.

Frauen jedoch fehlen nach
wie vor auf den Scheinen.
2008 gab es zwar den Vor-
schlag, Evita Perón auf dem
2-Peso-Schein zu verewi-
gen. Dies wurde aber ebenso verworfen wie die Idee,
Scheine mit höherem Wert
zu drucken.

Stattdessen wurde 2012
eine 100-Peso-Gedenknote
mit Evitas Porträt aufgelegt.

Und außerdem wurden in
den vergangenen Jahren
Druckereien im Ausland
mit dem Druck weiterer
100-Peso-Scheine beauf-
tragt, die dann tonnenweise
per Flugzeug nach Argentinien eingeflogen wurden.
So wurde ein Problem erst
einmal wieder gelöst.
Scheinbar.

Aruba

Von Florin und Fauna der niederländischen Antillen

D er Name des Landes dürfte nicht jedem geläufig sein. Der Name der Währung gibt aber immerhin einen Hinweis, mit welchem anderen Land es eng verbunden sein könnte. Die Rede ist von Aruba und dessen Währung, dem Florin.

Florin ist ein anderes Wort für Gulden – daher wurde der holländische Gulden auch stets mit „hfl" abgekürzt, woran sich mancher vielleicht erinnert. Florin leitet sich dabei vom „Fiorino d'Oro" ab, einer Goldmünze, die im Mittelalter in Florenz geprägt wurde. Sie war Vorbild für viele andere Goldmünzen und Währungen, in Ungarn beispielsweise für den Forint. Im deutschen Sprachraum wurde sie jedoch als Gulden bezeichnet, was natürlich auf das Material der Münzen zurückgeht. Gulden und Florin blieben aber austauschbare Bezeichnungen.

Fläche: 179 km²
Einwohner: 101.000
Amtssprachen: Niederländisch, Papiamento
1 Florin = 100 Cent
Scheine in Umlauf: 10, 25, 50, 100, 500 Florin
1 Euro = 2,50 Florin

Mit der Einführung des Euro wurde der Gulden in den Niederlanden abgeschafft. Nicht jedoch auf den niederländischen Antillen, dort galt auch danach noch der Antillen-Gulden. Allerdings neuerdings doch auch wieder nicht auf allen Inseln. Denn Bonaire, Saba und Sint Eustatius haben Anfang 2011 den US-Dollar eingeführt. Und Aruba wiederum hat bereits seit 1986 eine umfassende Autonomie innerhalb des niederländischen Königreichs erhalten. Dazu gehört auch eine eigene Währung.

Dabei blieb die Insel dem Gulden zwar einerseits treu, setzte andererseits aber eine eigene Duftmarke. Denn die Währung heißt Florin. So wurde und wird der Gulden im Papiamento genannt – einer Kreolsprache, die auf dem Spanischen basiert und auf Aruba gesprochen wird. Sie ist dort neben dem Niederländischen Amtssprache.

Die allerersten Geldscheine, die Aruba herausgab, waren auch teilweise in Papiamento beschriftet die Zentralbank wurde darauf als „Banco Central di Aruba" bezeichnet, was Romanisten wie eine Mischung aus Spanisch und Italienisch vorkommen mag. Heute jedoch heißt sie „Centrale Bank van Aruba" – Holländisch ist nun die einzige Sprache auf den Noten.

Und noch eine Eigenart des holländischen Gulden wurde für den Florin übernommen. Denn es gibt einen 25-Florin-Schein, ebenso wie es auch einen 25-Gulden-Schein gab. Scheine in solcher Stückelung sind höchst selten, üblicherweise gibt es Banknoten im Wert von 10, 20, 50 und 100 Einheiten.

25er-Scheine gibt es nur in wenigen Währungen, eine der letzten war die estnische Krone, die jedoch 2011 durch den Euro ersetzt wurde. Zu den letzten Bastionen der 25er-

Noten auf der Welt gehören neben Aruba heute der haitianische Gourde, der Cayman-Dollar, die Seychellen-Rupie und die Mauritius-Rupie.

Gestalterisch bieten die Florin-Noten vor allem eine Führung durch die bunte Tierwelt der karibischen Inseln. Auf der kleinsten Banknote, dem 10-Florin-Schein, ist eine Muschel abgebildet, es folgen eine Klapperschlange, eine Eule, ein Frosch sowie ein Zackenbarsch. Ansonsten ist die Gestaltung der Scheine eher spartanisch, sie besteht lediglich aus einem stets gleichen Karomuster.

Der Wert des Florin ist fest gebunden – jedoch nicht an den Euro, trotz der engen historischen und politischen Verbindungen nach Europa. Vielmehr besteht ein Fixkurs von 1,79 Florin je US-Dollar, genau wie beim Antillen-Gulden, der heute noch auf den beiden Inseln Curaçao und Sint Maarten gilt – übrigens der letzte Gulden, den es dieser Tage als Währung noch gibt.

Bahamas

Die Königin und ihre Ritter

Sir Lynden O. Pindling, Sir Cecil Wallace-Whitfield, Sir Stafford Lofthouse Sands, Sir Milo Butler, Sir Roland Theodore Symonette – es ist eine ganze Rittergarde, die von den Geldscheinen der Bahamas blickt, allesamt ehemalige Politiker des Landes, die geadelt wurden. Und zwar von jener Frau, die als einzige weibliche Gestalt zwischen den Herren auf dem 10- und dem 100-Dollar-Schein auftaucht: die britische Königin Elisabeth.

Der bedeutendste der abgebildeten Männer ist wohl Sir Lynden O. Pindling, der auf dem 1-Dollar-Schein zu sehen ist. Er wurde 1967 der erste schwarze Premierminister der Inseln, die unmittelbar vor der Küste Floridas liegen, und führte sie 1973 in die Unabhängigkeit von Großbritannien. Zuvor waren sie rund 250 Jahre britische Kronkolonie gewesen – obwohl sie einst von Spaniern entdeckt wurden.

Fläche: 13.939 km^2	
Einwohner: 354.000	
Amtssprache: Englisch	
1 Bahama-Dollar = 100 Centimes	
Scheine in Umlauf: 1, 5, 10, 20, 50, 100 Dollar	
1 Euro = 1,39 Dollar	

Sie waren sogar die erste Landmasse in Amerika, die Christoph Kolumbus 1492 entdeckt hatte. Auch der Name geht auf das Spanische „baja mar" zurück, was so viel wie „seichtes Gewässer" bedeutet. Doch die Spanier interessierten sich nicht weiter für die Inseln, die heute die Bahamas bilden, und so ergriffen englische Kolonisten ab 1648 von ihnen Besitz.

Vorgänger von Pindling als Premierminister war Sir Roland Theodore Symonette, den der 50-Dollar-Schein zeigt. Die anderen Herren dienten dem Land als Gouverneur, Finanzminister oder Parteiführer, allesamt in der Zeit nach dem Zweiten Weltkrieg und bis in die 80er Jahre. Neben ihren Köpfen erscheinen jeweils die Karten-Umrisse der über 700 Inseln, die heute zu den Bahamas gehören.

Die Rückseiten zeigen Ansichten des Hafens der Hauptstadt Nassau oder das pittoreske Städtchen Hope Town auf der Insel Abaco, das vor allem vom Tourismus lebt. Etwas seltsam mutet dagegen eine Polizei-Band an, die auf dem 1-Dollar-Schein gezeigt wird, wie sie in Reih und Glied ein Musikstück auf Blechblasinstrumenten intoniert. Natürlich besteht die Band wieder nur aus Männern.

Besonders interessant ist indes die Rückseite der 5-Dollar-Note. Dort sind Teilnehmer der so genannten Junkanoo-Parade zu sehen. Diese findet stets an den Tagen nach Weihnachten auf den Inseln statt und geht wohl auf afrikanische Bräuche zurück, die die Sklaven einst auf die Bahamas mitbrachten. Diverse Gruppen wetteifern darum, wer die prächtigsten Kostüme, die besten Tänzer und die ansprechendste Musik präsentiert. Das

farbenfrohe und fröhliche Schauspiel erinnert deutlich an hiesige Karnevalszeiten.

Ebenfalls ein wenig aus dem Rahmen fällt die Rückseite des Hunderters. Denn dort sind weder Landschaften noch Menschen zu sehen, sondern ein Blauer Marlin.

Dabei handelt es sich um einen Raubfisch, der in weiten Teilen der Hochsee lebt, und dessen wichtigstes Merkmal das lange Schwert am Kopf ist. Verewigt wurde er einst schon von Ernest Hemingway in seinem Werk „Der alte Mann und das Meer". Und inmitten von alten Männern erscheint er ja auch heute auf dem Bahama-Dollar, lediglich ergänzt um das gekrönte Haupt der britischen Königin.

Barbados

Helden im Straßenverkehr

Ein Bus, viele Autos, einige Fußgänger – diese so alltägliche und für eine Banknote doch ungewöhnliche Szene ist auf dem neuen Zehn-Dollar-Schein von Barbados zu sehen. Sie spielt auf der Charles Duncan O'Neal Brücke der Hauptstadt Bridgetown.

Fläche: 431 km²
Einwohner: 274.000
Amtssprache: Englisch
1 Barbados Dollar = 100 Cents
Scheine in Umlauf: 2, 5, 10, 20, 50, 100 Dollar
1 Euro = 2,75 Dollar

Diese Brücke hat ihren Weg auf den Schein gefunden, weil die Notenbank beschlossen hatte, dass auf den Rückseiten der neuen Scheinserie, die im Mai 2013 in Umlauf gebracht wurde, jeweils etwas abgebildet werden soll, das mit der Person auf der Vorderseite zu tun hat. Dort indes ist Charles Duncan O'Neal zu sehen.

Dieser war zwar weder Brückenbauer noch Architekt, noch hat er diese Brücke je betreten. Sie wurde nur zufälligerweise nach ihm benannt – und gelangte deshalb auf den Schein. O'Neal (1879 - 1936) war Arzt und ein Kämpfer für die entrechtete Unterschicht der Insel. Das Parlament ernannte ihn 1998 zu einem der zehn Nationalhelden von Barbados. Umso erstaunlicher, dass sich nur eine Brücke fand, die auf seine Leistung Bezug nimmt.

Doch auch bei den anderen dargestellten Personen, die fast alle ebenfalls zur Gruppe der zehn Nationalhelden gehören, erscheinen die Verbindungen zur Rückseite etwas einfallslos. So zeigt die 100-Dollar-Note vorne Sir Grantley Adams (1898 - 1971), einen der Vorkämpfer der sozialen Rechte der Einwohner von Barbados, und keinesfalls Pilot oder Flugzeugbauer. Dennoch ist auf der Rückseite der Flughafen zu sehen, der eben nach ihm benannt wurde.

Bei Errol Barrow (1920 - 1987), der Barbados als erster Premierminister in die Unabhängigkeit führte, wurde immerhin eine andere Lösung gefunden – er wurde einfach zwei Mal abgebildet. Vorne auf dem 50-Dollar-Schein im Porträt und hinten in Form jener Statue von ihm, die auf dem Unabhängigkeitsplatz steht.

Diese Unabhängigkeit hatte Barbados 1966 erlangt, nachdem es zuvor mehr als drei Jahrhunderte lang eine britische Kolonie gewesen war. Die Briten hatten dabei Sklaven aus allen Teilen der Welt auf die Insel gebracht, die in der Mitte des 17. Jahrhunderts menschenleer war. Daher sind auch heute rund 90 Prozent der Bewohner Nachfahren der einstigen Sklaven.

Mit den Sklaven als Arbeitern wurde auf der Insel eine bedeutende Zuckerindustrie aufgebaut. Bis in die jüngste Vergangenheit war Barbados einer der wichtigsten Produzenten von Zucker und auch von Rum. Passend dazu wird auf der 2-Dollar-Note eine Wind-

mühle gezeigt. Sie soll auf den Botaniker John Redmen Bovell verweisen, der auf der Vorderseite zu sehen ist. Er hatte Ende des 19. Jahrhunderts die Zuckerindustrie des Landes gerettet, die damals zunehmender ausländischer Konkurrenz ausgesetzt war. Dazu hatte er neue Zuckersorten gezüchtet und auf den Markt gebracht.

Erst in den vergangenen Jahren hat der Tourismus die Zuckerwirtschaft in seiner Bedeutung für die Wirtschaft der Insel überholt. Der Name der Insel geht dabei übrigens nicht auf die Briten sondern auf die Portugiesen zurück, die die Insel einst als erste besetzt hatten. Den Seefahrer Pedro Campos hatten dabei 1534 die frei herabhängenden Wurzeln der Feigenbäume an Bärte erinnert, und so benannte er die Insel danach: Die Bärtigen. Nach den Feigenbäumen sucht man allerdings auf den Geldscheinen vergeblich.

Belize

Maya unter Briten

Belize ist vielen wohl erst zum Begriff geworden, als der Multimillionär John McAfee dort 2012 in einen mysteriösen Mordfall verstrickt war und weltweit in die Schlagzeilen geriet. Das kleine Land in Mittelamerika tritt sonst selten auf der Weltbühne in Erscheinung. Unspektakulär ist selbst die Währung, denn diese gilt seit 130 Jahren und wurde, was in Mittelamerika erstaunlich genug ist, nie durch Währungsreformen erschüttert: der Belize-Dollar.

Die einzige Änderung während dieser vielen Jahrzehnte, die auch auf den Geldscheinen nachvollzogen wurde, war die Umbenennung des Landes von Britisch-Honduras in Belize im Jahr 1973. Acht Jahre später erlangte der Staat die Unabhän-

Fläche: 22.800 m²
Einwohner: 313.000
Amtssprache: Englisch
1 Belize Dollar = 100 Cents
Scheine in Umlauf: 2, 5, 10, 20, 50, 100 Dollar
1 Euro = 2,78 Dollar

gigkeit. Das jedoch hatte keine Folgen für die Geldscheine: Königin Elisabeth II. blieb weiterhin die dominante Abbildung auf den Vorderseiten. Das ist auch bis heute so.

Nur auf den Rückseiten ist etwas mehr über das Land selbst zu erfahren – allerdings herrscht auch hier oft Langeweile. Zwei Scheine widmen sich solch unglaublich spannenden Themen wie „Brücken des Landes" oder „Bauwerke des Landes". Deutlich interessanter ist dagegen der Zwei-Dollar-Schein, auf dem einige Ruinen der Maya abgebildet werden.

Dabei handelt es sich einerseits um die Tempelanlagen von Xunantunich. Übersetzt heißt der Name „Steinerne Frau", der der Anlage gegeben wurde, weil dort dem Glauben vieler heutiger Anwohner zufolge ein weiblicher Geist wohnen soll. Daneben wird Altun Ha gezeigt, eine alte Maya-Stadt.

Insgesamt sollen zu den Hochzeiten der Maya im Gebiet des heutigen Belize immerhin ungefähr 200.000 Menschen gelebt haben. Das ist vor allem insofern erstaunlich als das Land selbst heute, 500 Jahre später, nur rund 350.000 Einwohner hat.

Für Tierliebhaber wiederum sind insbesondere der 20- und der 100-Dollar-Schein ein Genuss, denn dort werden diverse einheimische Tiere gezeigt. Auf dem 20-Dollar-Schein hängt sogar auf der Vorderseite direkt neben der Königin ein Jaguar im Baum.

Auf die jüngere Historie nimmt nur der Fünf-Dollar-Schein Bezug. Er zeigt auf der Rückseite diverse Ansichten von St. George's Caye, dem Ort einer Schlacht zwischen britischen Siedlern und den Spaniern, die diese von dort vertreiben wollten, um das Gebiet wieder unter ihre Herrschaft zu bekommen. Am 10. September 1798 wurden die Spanier dabei nach einem ungefähr zwei Stunden währenden Kampf endgültig besiegt. Noch heute ist dieser Tag daher Nationalfeiertag in Belize.

In der Mitte ist zudem ein Sarkophag zu sehen. Darin liegt Thomas Potts, der zur Zeit der Schlacht ein Mitglied im Magistrat von St. George's Caye war. Er tat sich zwar bei dem Kampf nicht besonders hervor, aber er war einige Jahre davor längere Zeit in Gefangenschaft der Spanier gewesen. Zudem war er aber auch einer der reichsten Männer jener Zeit in der Region und einer der größten Sklavenbesitzer. Manchmal reicht das schon aus, um auf einer Banknote gewürdigt zu werden.

Bermuda

Fische statt Königin

E in Dreieck machte die Bermudainseln berühmt. In dem Seegebiet entsprechender Form südlich der Inseln sollen über Jahrzehnte hinweg immer wieder Schiffe und Flugzeuge spurlos verschwunden sein. Mythen und Gerüchte ranken sich darum.

Doch die Bermudas haben weit mehr zu bieten als Schauermärchen – glaubt man zumindest auf den Inseln selbst. Und genau das will man über die Banknoten deutlich machen.

So zeigen die Geldscheine seit 2009, als die neueste Serie des Bermuda-Dollars aufgelegt wurde, faszinierende Motive aus der Flora und Fauna der Eilande. Mit Farbe wurde dabei nicht gespart, die einzelnen Scheine sind jeweils in starken, grellen Tönen gehalten. Aber auch die dargestellten Tiere und Pflanzen beeindrucken durch ihre Pracht und die Tatsache, dass es sich um eher unbekannte Spezies handelt.

So ist auf der Vorderseite des 5-Dollar-Scheins ein Blauer Marlin zu sehen, ein Raubfisch, der in tropischen Gewässern, also auch vor den Bermudas, vorkommt. Er ist auf der Banknote jedoch keineswegs in Blau, sondern in Pink gehalten. Umgeben ist er von mehreren Delfinen und blühenden Pflanzen.

Der 2-Dollar-Schein dagegen zeigt den Hüttensänger, einen Singvogel, der zur Familie der Drosseln gehört. Die 10-Dollar-Note wiederum wartet mit dem sogenannten Bermuda-Prachtkaiserfisch auf. Wie der Name schon andeutet, imponiert auch er durch seine bunten Farben.

Auf den Rückseiten werden jeweils Ansichten von den Inseln präsentiert. So zeigt der 2-Dollar-Schein den Uhrturm an der königlichen Werft sowie die Neptunstatue, die vor dem Meeresmuseum der Inseln steht.

Auf dem 10-Dollar-Schein dagegen ist ein Nachbau des Schiffes „Deliverance" zu sehen, das heute in der Stadt St. George steht. Die „Deliverance" gehörte zu einer Flotte von neun Schiffen, die sich 1609 von Plymouth in England in Richtung Virginia in der neuen Welt aufmachte. Durch Stürme wurde sie jedoch abgetrieben und strandete auf den Bermudas.

Die Besatzung der Schiffe richtete sich für einige Monate dort ein – sie waren damit die ersten Menschen, die längere Zeit auf den Inseln verblieben und erkannten, wie attraktiv sie waren. Nachdem die Schiffe Monate später endlich in Virginia angelangt waren, beschloss die englische Krone daher, die Bermudas in Besitz zu nehmen. Und zu Großbritannien gehören die recht einsam vor der Ostküste der USA gelegenen Inseln heute noch.

Fläche: 53 km²	
Einwohner: 64.000	
Amtssprache: Englisch	
1 Bermuda Dollar = 100 Cents	
Scheine in Umlauf: 2, 5, 10, 50, 100 Dollar	
1 Euro = 1,39 Dollar	

Allerdings ist die wirtschaftliche Verbindung zu den USA schon seit Jahrzehnten enger und direkter. Daher war es nur folgerichtig, dass 1970 das Bermuda-Pfund durch den Bermuda-Dollar ersetzt wurde, der zudem im Verhältnis eins zu eins an die amerikanische Währung gebunden ist.

Die Zugehörigkeit zu Großbritannien wurde dennoch fast vier Jahrzehnte lang groß und deutlich hervorgehoben, indem das Porträt von Königin Elisabeth II. die Vorderseiten der Scheine komplett einnahm.

Mit der neuesten Serie wurde dies jedoch geändert. Seither ist nur noch eine Seitenansicht ihres Kopfes, wie sie auch auf britischen Briefmarken verwendet wird, eingeklinkt – recht klein und in blassen Farben.

Dadurch ist die britische Monarchin in der bunten Umgebung der Geldscheine allerdings kaum noch zu erkennen. Fische und Vögel sind den Bermudas haber eute offensichtlich wichtiger als die Queen. Kein Wunder, schließlich stammen heutzutage rund 40 Prozent der Einnahmen der Inseln aus dem Tourismus. Und die Besucher kommen nicht wegen der Königin.

Bolivien

Die weißen Männer wollen nicht weichen

Wie in vielen Ländern Südamerikas haben auch in Bolivien Politik und Gesellschaft in den vergangenen zehn Jahren einen grundlegenden Wandel erfahren. Seit 2005 ist Evo Morales Präsident, der sich als Vertreter der Indio-Bevölkerung versteht. Er versucht durch Umverteilung des Wohlstands vom Tiefland, in dem die weiße Oberschicht lebt, ins Indio-dominierte Hochland für mehr Gerechtigkeit zu sorgen, und er boxte 2009 eine neue Verfassung durch, die Bolivien nun, als „plurinationalen Staat" bezeichnet.

Fläche: 1.098.581 km²
Einwohner: 10,4 Mio.
Amtssprachen: Spanisch, Quechua, Aymara, Guaraní, 34 weitere
1 Boliviano = 100 Centavos
Scheine in Umlauf: 10, 20, 50, 100, 200 Bolivianos
1 Euro = 9,60 Bolivianos

Doch so umwälzend die vergangenen Jahre auch waren, auf den Geldscheinen scheint die Zeit stillzustehen. 1987 hatte der Boliviano im Rahmen einer Währungsreform den bolivianischen Peso abgelöst. Und die damals eingeführten Geldscheine blieben bis heute praktisch unverändert. Sie zeigen ausschließlich Vertreter der weißen Oberschicht, historische Figuren, denen meist nichts ferner lag als ein „plurinationaler Staat".

Bestes Beispiel dafür ist Franz Tamayo (1879 - 1956), der auf dem 200-Bolivianos-Schein zu sehen ist. Der Schriftsteller und Politiker gilt als ein Vordenker der revolutionären Bewegung, die in den 50er-Jahren die Macht übernahm und anschließend über lange Jahre die Präsidenten stellte, bis ihre Macht durch Evo Morales gebrochen wurde. Zentral war für Tamayo die Einteilung der Bevölkerung in Rassen. Dabei sprach er ihnen – Indios, Mestizen und Weißen – unterschiedliche Talente zu, die entsprechend in Politik, Erziehung und Gesellschaft zu berücksichtigen seien. Auf der Rückseite desselben Scheins sind zwar die vorkolonialen Ruinen von Tiahuanaco zu sehen. Doch diese stammen aus der Prä-Inka-Zeit, haben also ebenfalls keinen Bezug zu den heutigen indigenen Völkern Boliviens.

Der einzige Anklang daran findet sich auf dem 10-Bolivianos-Schein, der den Maler Cecilio Guzmán de Rojas (1899 - 1950) zeigt. Zentral bei ihm war die künstlerische Darstellung der Kultur der Aymara, einer großen Bevölkerungsgruppe des Landes. Auf der Rückseite des Scheines ist jedoch davon nichts zu sehen. Vielmehr zeigt sie ein Panorama der Stadt Cochabamba sowie ein Monument, das an eine Schlacht während des Unabhängigkeitskriegs von 1812 in der Stadt erinner.

So bleiben die Banknoten überwiegend ein Zeugnis für die jahrhundertelange Dominanz der kolonialen Oberschicht, auch über die Kirchen und andere Gebäude, die auf vielen

Rückseiten gezeigt werden. Und offenbar gelingt es dieser Oberschicht auch heute noch, dies zumindest im Geldwesen zu zementieren. Denn Präsident Morales wollte nach Verabschiedung der neuen Verfassung durchaus auch die Darstellungen auf den Banknoten ändern. So sollten dort Bartolina Sisa und Tupac Katari abgebildet werden, Indio-Führer, die im 18. Jahrhundert gegen die Spanier kämpften. Außerdem wollte er Naturräume dargestellt sehen, die von den Indios traditionell als Heiligtümer verehrt werden, beispielsweise bestimmte Berge.

Daraus wurde jedoch bis heute nichts. Stattdessen hat die Nationalbank 2011 eine neue Serie von Banknoten herausgegeben, die mit der alten so gut wie identisch ist und nur eine kleine Veränderung enthält: Statt „República de Bolivia" steht darauf nun „Estado plurinacional de Bolivia", der neuen Verfassung entsprechend. Dies ist jedoch für das bloße Auge noch nicht einmal zu erkennen, denn diese Worte sind in Mikrodruck aufgebracht. Auf den Geldscheinen ist die Vorherrschaft der Weißen also nach wie vor unverändert – vielleicht auch, weil ihnen nach wie vor das meiste Geld gehört.

Brasilien

Die Republik wacht über die königliche Stabilität

W ie heißt Brasiliens Währung? Real natürlich, werden die meisten heute ganz selbstverständlich antworten. Doch vor 20 oder 25 Jahren wäre den meisten die Antwort wohl nicht so leicht gefallen. Denn damals wurde das Land über Jahre hinweg von einer galoppierenden Inflation heimgesucht, und alle paar Jahre fand eine Währungsreform statt, in deren Folge die Währung jedes Mal einen neuen Namen bekam.

Fläche: 8.515.767 km²

Einwohner: 193,9 Mio.

Amtssprache: Portugiesisch

1 Real = 100 Centavos

Scheine in Umlauf: 2, 5, 10, 20, 50, 100 Reais

1 Euro = 3,25 Reais

So hieß das Geld des südamerikanischen Landes bis 1942 zwar schon einmal Real. Dieser wurde dann aber abgelöst vom Cruzeiro, der immerhin bis 1967 durchhielt. Dem anschließend eingeführten Cruzeiro novo war schon eine kürzere Lebenszeit beschieden (bis 1986). Doch dann ging das fröhliche Währungsnamens-Hopping erst richtig los: Es kamen und gingen der Cruzado (1986-89), der Cruzado novo (1989/90), wieder der Cruzeiro (1990-93) und der Cruzeiro real (1993/94).

Dann endlich konnte sich die Regierung in Brasilia dazu durchringen, nicht nur die Namen auszuwechseln, sondern durch eine veränderte Politik auch für stabiles Geld zu sorgen. Maßgeblich daran beteiligt war Finanzminister Fernando Henrique Cardoso, der später (1995 bis 2003) auch Präsident Brasiliens wurde.

Ihm gelang es, die Inflationsrate in kurzer Zeit von über 30 Prozent pro Monat (!) auf unter drei Prozent zu drücken. Diese neue Geldwertstabilität währt nun schon seit der Wiedereinführung des Real im Jahr 1994. Ein interessanter Unterschied zum Real, der bis 1942 galt, ist dabei aber übrigens der Plural: Er lautet heute „Reais", damals „Réis".

Die Geschichte des Real ist indes noch wesentlich älter. Denn schon 1790 führte Brasilien eine Währung dieses Namens ein. Sie geht auf die alten portugiesischen Real-Münzen zurück, die auch in Südamerika über lange Zeit hinweg benutzt wurden. „Real" bedeutet dabei schlicht „königlich". Der Name des zeitweilig geltenden Cruzeiro geht dagegen auf das Kreuz des Südens zurück, Cruzado bedeutet „Kreuzfahrer" und ist ebenfalls der Name einer alten portugiesischen Münze.

Auf den alten Scheinen der diversen Währungen waren meist berühmte Persönlichkeiten aus Brasiliens Geschichte abgebildet. Nicht so dagegen auf dem heute geltenden Real. Dessen Banknoten sind recht übersichtlich gestaltet.

Auf allen Vorderseiten ist das Gleiche zu sehen, eine allegorische Darstellung der „Republik" als Büste. Auf der Rückseite sind Tiere abgebildet, von einem Kolibri über einen Jaguar bis zu einem Zackenbarsch.

Diese Darstellungen werden sich auch künftig nicht verändern. Und doch müssen sich die Brasilianer derzeit schon wieder an neue Banknoten gewöhnen. Allerdings diesmal nicht aufgrund einer Währungsreform, sondern weil die Notenbank Scheine mit besseren Sicherheitsmerkmalen in Umlauf bringt.

Die höheren Sicherheitsanforderungen an die Banknoten sind auch Ergebnis der wachsenden Bedeutung Brasiliens für die Weltwirtschaft. Aus dem einstigen Hort der Hyperinflation ist inzwischen ein aufstrebendes Schwellenland geworden, dessen Währung auch international immer wichtiger wird.

Chile

Kriegshelden mit Blumenschmuck

W enn der Präsident eines Landes im „Palacio de la Moneda" lebt, also in der (ehemaligen) Münzprägeanstalt, dann scheint dieser Staat besonders eng mit seiner Währung verbunden zu sein. Doch das kann man von Chile nicht unbedingt behaupten. Zumindest wechselte man den Namen des eigenen Geldes in den vergangenen Jahrzehnten fast schon im Stakkato.

Bis 1960 hieß es Peso. Ab 1925 wurden jedoch Geldscheine und Münzen mit der Aufschrift „Condor" herausgegeben. Ein Condor war dabei zehn Pesos wert. Ab 1960 nannte sich die Währung dann Escudo, wobei 1000 Pesos in einen Escudo getauscht wurden. Und 1975 wurde das ganze dann wieder umgedreht, da wurden 1000 Escudos in einen neuen Peso getauscht. Damals hatte kurz zuvor Augusto Pinochet den demokratisch gewählten Präsidenten Salvador Allende aus dem Palacio de la Moneda vertrieben und schließlich ermorden lassen.

Immerhin gilt die jetzige Währung nun schon seit fast vier Jahrzehnten. Und nachdem der Peso jahrzehntelang unter galoppierender Inflation gelitten hatte, hat er sich in den vergangenen zehn Jahren zu einer stabilen und sogar tendenziell aufwertenden Währung entwickelt. Dem Rohstoffreichtum des Landes sei Dank.

Auf diesen wohl wichtigsten Aktivposten Chiles wird auf den Geldscheinen jedoch nicht eingegangen. Stattdessen werden andere Elemente dargestellt, auf denen Chiles Stolz basiert: auf den Vorderseiten historische Persönlichkeiten und auf den Rückseiten Naturparks des Landes, ergänzt um einzelne Exemplare aus der reichen Tierwelt. Auf den ersten Blick gibt es zwischen den beiden Seiten keinen näheren Bezug. Bei genauerer Betrachtung kann man diesen aber hie und da doch herstellen.

So erscheint auf dem 10.000-Peso-Schein Arturo Prat, ein chilenischer Nationalheld, nach dem viele Straßen und Plätze im Land benannt sind. Er war Marineoffizier und an entscheidender Stelle im sogenannten Salpeterkrieg zwischen Chile, Peru und Bolivien beteiligt. Ein entscheidendes Ereignis dabei, wenn nicht sogar der Wendepunkt, war die Seeschlacht von Iquique am 21. Mai 1879. Prat fiel in dieser Schlacht, doch sie legte die Basis für den späteren Triumph Chiles in diesem Krieg, sodass der Tag bis heute als Nationalfeiertag begangen wird. Ergebnis der blutigen Auseinandersetzung war, dass Bolivien seinen Zugang zum Meer verlor und Chile diese Territorien zugeschlagen bekam.

Und hier ist dann auch die Verbindung zu den Rückseiten der Geldscheine. Denn auf dem 20.000-Peso-Schein ist der große Salzsee Salar de Surire zu sehen, der eben in die-

| Fläche: 756.096 km² |
| Einwohner: 16,6 Mio. |
| Amtssprache: Spanisch |
| 1 Chilenischer Peso = 100 Centavos |
| Scheine in Umlauf: 1000, 2000, 5000, 10.000, 20.000 Pesos |
| 1 Euro = 795 Pesos |

ser Gegend liegt, die Bolivien damals abtreten musste. Auf diese Salzvorkommen wiederum geht auch der Name des Salpeterkrieges zurück, denn es ging dabei um deren wirtschaftliche Nutzung.

Die historischen Persönlichkeiten auf den anderen Scheinen decken weitgehend die Zeit seit der Unabhängigkeit des Landes im Jahre 1808 bis zur Mitte des vergangenen Jahrhunderts ab. Mit der Dichterin Gabriela Mistral, die 1945 den Literatur-Nobelpreis erhalten hat, fand auch eine Frau auf die Banknoten.

Einen Bezug zu den indigenen Völkern des Kontinents, die auch schon vor Ankunft der Spanier in der Gegend des heutigen Chile lebten, findet man dagegen nur, wenn man sehr genau hinschaut. Denn dieser versteckt sich in einem Sonnensymbol am linken Rand der Vorderseite, das auch nur zu sehen ist, wenn man den Schein gegen das Licht hält. Es handelt sich um ein „antú", was in der Sprache der Mapuche „Sonne" bedeutet. Rund vier Prozent der heutigen Bevölkerung Chiles zählen sich selbst noch zu den Mapuche.

Rechts daneben ist weit größer eine stilisierte Blüte zu sehen. Sie gehört der chilenischen Wachsglocke, der Nationalblume des Landes, Copihue genannt. Sie verschwindet halb hinter der historischen Persönlichkeit, und vereint sie so letztlich mit der Natur.

Costa Rica

Kolumbus im friedlichen Naturparadies

Wenn man Costa Rica mit seinen Nachbarländern vergleicht, so wird schnell klar, warum dieser Landstrich die „reiche Küste" genannt wird. Wirtschaftlich relativ erfolgreich, hohe Standards in Bildungs- und Gesundheitswesen, jahrzehntelanger Frieden und eine alte, gefestigte Demokratie – nicht umsonst wird das Land oft die „Schweiz Lateinamerikas" genannt.

Gefestigt wird dieser Eindruck durch die Rückseiten der Geldscheine des Landes. Darauf wird die üppige Flora und Fauna dargestellt, der „Reichtum der Natur des Landes", wie das die Nationalbank stolz nennt. Bunte Schmetterlinge im Nebelwald, Mangrovensümpfe, Seesterne, Seefedern und Stierhaie – die neuen Banknoten, die seit 2010 in Umlauf sind, vermitteln einen guten Eindruck von der Vielfalt der Natur.

Fläche: 51.100 km²
Einwohner: 4,7 Mio.
Amtssprache: Spanisch
1 Colón = 100 Céntimos
Scheine in Umlauf: 1000, 2000, 5000, 10.000, 20.000, 50.000 Colones
1 Euro = 705 Colones

Und sie erfüllen damit gleichzeitig einen Marketingzweck, denn Costa Rica versucht sich gezielt als Destination für den Ökotourismus zu positionieren. Der Tourismus ist schon seit Jahrzehnten eine der Haupteinnahmequellen des Landes und einer der Gründe für den Wohlstand.

Allerdings verweisen die Geldscheine auch auf Zeiten, als das Land alles andere als reich war, sogar als ausgesprochen arm galt. Dies war während der spanischen Kolonialherrschaft. Es lag damals abseits der wichtigen Handelsrouten und hatte kaum Bodenschätze zu bieten, so dass die spanische Herrschaft hier recht locker war. Auch nach der Unabhängigkeit 1821, als Costa Rica Teil der Zentralamerikanischen Föderation wurde, war dieser Landesteil so weit vom Zentrum entfernt, dass er fast vergessen wurde – beinahe sogar von den eigenen Einwohnern. Erst 1838, als die Zentralamerikanische Föderation schon längst nur noch theoretisch existierte, wurde der eigene Staat ausgerufen.

Entscheidend dazu beigetragen hatte Braulio Carrillo Colina, der heute auf dem 1000-Colones-Schein abgebildet ist. Die Unabhängigkeit selbst war unblutig erlangt worden. Vier Jahre später kam es jedoch zu einer Invasion durch Truppen des ehemaligen Präsidenten der Zentralamerikanischen Föderation, woraufhin Carrillo Colina nach El Salvador flüchtete. Dort wurde er 1845 ermordet.

Es dauerte noch einmal fünf Jahre, bis Costa Rica seine eigene Währung einführte, den Peso. Allerdings wurde dieser noch von privaten Banken ausgegeben. Erst 1896 wurde eine Nationalbank gegründet, die dann für die Währung allein zuständig wurde. Parallel dazu wurde auch der Name der Währung in Colón geändert – benannt nach Christoph

Kolumbus, auf Spanisch: Cristóbal Colón. Kurz zuvor hatte sich die Entdeckung Amerikas zum 400. Mal gejährt.

Die kriegerische Aktion von 1842 war eine absolute Ausnahme in Costa Ricas langer Geschichte. Einzig rund 100 Jahre später, 1948, kam es erneut zu gewaltsamen Auseinandersetzungen. Damals war eine Präsidentenwahl der Auslöser. Der Bürgerkrieg dauerte 47 Tage und kostete rund 2000 Menschen das Leben.

Er hatte aber zur Folge, dass der neue Präsident José Figueres Ferrer danach die Armee komplett abschaffte. Er wird heute auf der 10.000-Colones-Banknote geehrt. Seine Entscheidung dürfte wesentlich dazu beigetragen haben, dass Costa Rica in den folgenden Jahrzehnten von der Gewalt verschont blieb, die andere Länder Zentralamerikas überzog. Und Frieden ist ja letztlich der größte Reichtum eines Landes.

Curaçao und Sint Maarten

Der letzte Gulden

Der Gulden stirbt seit Jahren einen Tod auf Raten. Zunächst wurde er in seinem Ursprungsland, den Niederlanden, im Jahre 2002 durch den Euro abgelöst. 2004 ersetzte dann Surinam seinen Surinam-Gulden durch den Surinam-Dollar. Zum 1. Januar 2011 gaben die karibischen Inseln Bonaire, Saba und Sint Eustatius den Antillen-Gulden auf und gingen zum US-Dollar über. Und nun wollen auch Curaçao und Sint Maarten, die als letzte noch den Antillen-Gulden beibehalten haben, diesen abschaffen.

Hintergrund ist, dass die Niederländischen Antillen, die der Währung den Namen gaben, seit Oktober 2010 nicht mehr existieren. Nach einem langen politischen Prozess, in dessen Verlauf es mehrere Volksabstimmungen auf den Inseln gab, wechselten die Inseln Bonaire, Saba und Sint Eustatius in den Status „Besonderer Gemeinden" innerhalb der Niederlande. Curaçao und Sint Maarten wollten dagegen eine größere Unabhängigkeit vom Mutterland und wurden daher autonome Länder innerhalb des Königreichs der Niederlande, so wie das zuvor bereits für Aruba galt.

Das Königreich der Niederlande besteht somit heute also rein formal aus vier Landesteilen, die jeder eine eigene Währung haben: die Niederlande den Euro, Aruba den Aruba-Florin, Curaçao und Sint Maarten dagegen nutzen derzeit noch den Antillen-Gulden, planen aber eine neue Währung. Auf den Rückseiten der Scheine wird daher auch immer noch die „Bank van de Nederlandse Antillen" als Herausgeber genannt.

Unter Design-Aspekten wäre die Abschaffung des Antillen-Gulden indes kein allzu großer Verlust. Denn die Rückseite zeigt lediglich ein Karomuster und darin das Logo der Notenbank. Auf den Vorderseiten sind verschiedene Vogelarten abgebildet. Dabei ist auf dem 10-Gulden-Schein ein Kolibri zu sehen, auf dem 25er ein Flamingo, die 50-Gulden-Note zeigt eine Morgenammer, die Banknote zu 100 Gulden schließlich einen so genannten Zuckervogel, eine Sperlingsart, die auch als „Zuckerdieb" bezeichnet wird, holländisch „Suikerdiefje". Den Namen hat er wohl daher, dass er sich vor allem von Blütennektar oder dem Saft von Beeren ernährt.

Das war's dann aber schon mit dem gestalterischen Ehrgeiz auf den Scheinen des Antillen-Guldens. Wie die neuen Scheine aussehen sollen, ist aber auch noch nicht klar. Selbst das Datum, wann sie eingeführt werden, steht noch nicht fest. Das ursprünglich angestrebte Datum Ende 2013 musste in jedem Fall aufgegeben werden.

Fläche:
Curaçao 444 km²,
Sint Maarten 34 km²

Einwohner:
Curaçao 150.563
Sint Maarten 37.429

Amtssprachen:
Niederländisch,
Papiamento, Englisch

1 Gulden =
100 Centavos

Scheine in Umlauf:
5, 10, 25, 50, 100, 250
Gulden

1 Euro = 3,75 Gulden

Immerhin hat man aber schon einen Namen für die neue Währung gefunden: Karibischer Gulden. So wird wenigstens der Name Gulden erhalten bleiben – der letzte seiner Art.

Dennoch würde eine andere Eigenheit des Guldens untergehen: die Stückelung. Denn alle Gulden verfügten stets über einen 25er-Schein, so auch derzeit noch der Antillen-Gulden, von dem es zudem auch einen 250er-Schein gibt. Der karibische Gulden dagegen soll Banknoten zu 20 und 200 Gulden erhalten.

Dominikanische Republik

Die toten Schmetterlinge

Drei anmutige Frauen lächeln dem Betrachter vom 200-Peso-Schein der Dominikanischen Republik entgegen. Zwischen ihnen flattert ein Schmetterling, der das Bild einer glücklichen und zufriedenen Gruppe vervollkommnet. So friedlich und fröhlich stellt man sich die Karibik gerne vor.

Doch die Darstellung nimmt Bezug auf eine der grausamsten Phasen in der Geschichte des Landes. Denn bei den Frauen handelt es sich um die Schwestern Minerva, Patria und María Teresa Mirabal, geboren zwischen 1924 und 1935. Minerva war die erfolgreichste von ihnen, hatte studiert, einen Doktortitel erworben und schließlich Manuel Tavárez Justo geheiratet. Dieser wiederum kämpfte Ende der 50er-Jahre im Untergrund gegen den damaligen Diktator Rafael Trujillo.

Trujillo, der sich 1930 an die Macht putschte, gilt als einer der brutalsten Tyrannen, die den Erdball je beherrschten. Die Geschichten über grausam gefolterte und ermordete Gegner sind Legion. Dennoch hatte er die Unterstützung der USA – der amerikanische Außenminister Cordell Hull machte über ihn in jenen Tagen den berühmt gewordenen Ausspruch „Er ist ein Hurensohn, aber er ist *unser* Hurensohn!"

Minerva und ihre Schwestern unterstützten die Opposition, indem sie – als Frauen eher unverdächtig – die Kontakte zwischen den einzelnen Gruppen aufrechterhielten. Ihr Deckname war dabei „mariposa", zu Deutsch: Schmetterling. Im Januar des Jahres 1960 flog die Bewegung dann jedoch auf. Hunderte Gegner Trujillos landeten im Gefängnis oder wurden gar ermordet. Die drei Schwestern wurden in einem Zuckerrohrfeld mit Knüppeln erschlagen und dann mitsamt einem Auto einen Abhang hinabgeworfen. So sollte der Mord als Unfall getarnt werden.

Trujillo wurde ein Jahr später selbst ermordet, doch die Dominikanische Republik blieb noch lange Jahre diktatorisch regiert. Erst in den vergangenen zwei Jahrzehnten konnte die Demokratie auf der Inselhälfte Fuß fassen. Und seither werden mit den Schwestern drei der prominentesten Opfer Trujillos auf den Peso-Scheinen geehrt. Auf der Rückseite ist zudem ein Mahnmal zu sehen, das an sie erinnert.

Andere Personen, die auf den Banknoten zu sehen sind, entstammen meist dem 19. Jahrhundert, wie die drei Gründerväter der Republik Francisco del Rosario Sánchez, Juan Pablo Duarte und Matías Ramón Mella auf dem 100-Peso-Schein. 1805 war das Land von Haiti erobert worden, und erst 1844 gelang es dem Gebiet um die Stadt Santo Do-

Fläche: 48.442 km²
Einwohner: 9,4 Mio.
Amtssprachen: Spanisch
1 Dominikanischer Peso = 100 Centavos
Scheine in Umlauf: 20, 50, 100, 200, 500, 1000, 2000 Pesos
1 Euro = 59,95 Pesos

mingo, sich die Unabhängigkeit zu erkämpfen. Im selben
Jahr war auch schon der erste
dominikanische Peso eingeführt worden, der jedoch
1905 durch den US- Dollar
als offizielle Währung des
Landes abgelöst wurde. Erst
1937 wurde der Peso erneut
eingeführt – damals regierte
schon Trujillo das Land.

Zu den Vorkämpfern und
Gründungsvätern der jungen
Republik und den drei Frauen
gesellen sich auf dem 2000-
Peso-Schein Emilio Prud'-
Homme und José Rufino
Reyes y Siancas. Sie lebten in
der zweiten Hälfte des 19.
Jahrhunderts und waren aus-
nahmsweise keine Politiker.
Vielmehr wurden sie als Mu-
siker und Texter bekannt, und
zwar als Komponisten der
Nationalhymne. Diese hatten
sie 1884 verfasst, zunächst
nicht als offizielle Hymne.
Erst nach und nach kam das
Werk vermehrt bei offiziellen
Anlässen in Gebrauch. 1934
wurde es auch offiziell zur
Nationalhymne des Landes
erklärt – und zwar von Rafael
Trujillo, dem Diktator und
Mörder der drei Schwestern..

Falklandinseln

Idylle mit kriegerischer Geschichte

Vor 30 Jahren waren argentinische Truppen auf einer kleinen Inselgruppe im Südatlantik gelandet. Islas Malvinas nannten sie diese, Falkland Islands heißen sie bei den Briten, die sie seit den 30er-Jahren des 19. Jahrhunderts verwalten. Als Falkland-Krieg ist daher auch heute bekannt, was sich vor 30 Jahren dort abspielte und schließlich am 20. Juni 1982 mit dem Sieg der Briten über die Argentinier endete.

Zu den ersten Maßnahmen, die die Angreifer nach ihrer Landung trafen, gehörte die Verordnung des Rechtsverkehrs auf den Straßen. Bis dahin galt auf den Inseln wie im britischen Mutterland der Linksverkehr. Und es gehörte die Ersetzung des Falkland-Pfundes durch den argentinischen Peso dazu. Beide Maßnahmen ließen den Widerstand der Insulaner gegen die Besatzung jedoch erst so richtig anschwellen. Denn beides traf sie ins Herz ihrer Identität.

Das Falkland-Pfund gibt es nämlich schon seit 1899. Damals waren die ersten speziellen Banknoten für das Überseeterritorium gedruckt worden. Auch wenn parallel stets ebenso das englische Pfund genutzt wurde, und auch wenn das Falkland-Pfund eins zu eins daran gebunden ist, so zeugen die speziellen Banknoten doch von der eigenen Identität der Inselbewohner.

Auch heute gibt es das Falkland-Pfund noch. Die idyllischen Abbildungen darauf, die auf allen Scheinen exakt die gleichen sind, bilden jedoch einen Kontrast zur kriegerischen Geschichte, wie er größer kaum sein könnte.

So ist auf den Vorderseiten jeweils die jugendliche Queen zu sehen, neben ihr sind Landkarte und Wappen der Inseln abgebildet. Letzteres besteht aus einem Schaf, das friedlich auf einer Wiese steht. Darunter ist ein Dreimaster und unter dem Wappen die Devise des Territoriums zu sehen: „Desire the Right" – Begehre das Rechte. Links und rechts wird die Königin von zwei in possierlicher Manier dargestellten Tieren eingerahmt, die auf den Inseln heimisch sind, Seelöwe und Pinguin.

Auf den Rückseiten der Scheine sind zwei malerische Gebäude zu sehen, einerseits die kleine Kathedrale, die in der Hauptstadt Stanley steht. Zum anderen wird der Amtssitz des Gouverneurs abgebildet. Doch hier ist dann doch auch wieder die Verbindung zur kriegerischen Geschichte. Denn an diesem Ort ergab sich kurz nach der Invasion der Argentinier die kleine Schar britischer Soldaten, die damals auf der Insel stationiert war. Obwohl diese Ereignisse nun schon drei Jahrzehnte zurückliegen, schwelt der Konflikt

Fläche: 12.173 km^2	
Einwohner: 2563	
Amtssprache: Englisch	
1 Falkland Inseln Pfund = 100 Pence	
Scheine in Umlauf: 5, 10, 20, 50 Pfund	
1 Euro = 0,84 Pfund	

zwischen Großbritannien und Argentinien um die Inseln auch heute noch. Erst im Frühjahr 2012 protestierte die argentinische Regierung wieder mal, weil Großbritannien eines seiner modernsten Kriegsschiffe auf den Weg zu den Falkland-Inseln geschickt hatte. Argentinien beansprucht die Inseln nach wie vor und empfindet die britische Präsenz dort als Besatzung.

„Es ist eine Ungerechtigkeit, dass im 21. Jahrhundert noch immer Kolonien existieren", sagte Argentiniens Präsidentin Cristina Kirchner deshalb an London gewandt. „Es gibt 16 davon auf der Welt und zehn gehören dem Vereinigten Königreich."

Die Bewohner der Falkland-Inseln finden das aber nach wie vor vollkommen in Ordnung. Sie wollen nicht zu Argentinien gehören, sondern weiterhin britisch bleiben. Und sie wollen nicht mit dem Peso bezahlen, sondern ihre Pfund-Noten mit Königin, Pinguin und Seelöwe behalten.

Guatemala

Wo man gern einen Vogel hat

W ie wäre es, wenn wir nicht mit Euro oder Mark, sondern vielleicht mit Spechten, Amseln oder Drosseln bezahlen würden? Etwas seltsam? Nun, die Bewohner Guatemalas bezahlen tagtäglich mit einem gefiederten Freund. Denn die Währung des Landes heißt Quetzal, so wie ein bunter Vogel, der dort heimisch ist.

Er ist folgerichtig auf allen Banknoten zu sehen – ein sehr farbenprächtiger Vertreter seiner Gattung, mit scharlachrotem Bauch und knallgrünem Gefieder. Beeindruckend sind zudem die langen Schwanzfedern, weshalb er auf den meisten Scheinen über mehr als die Hälfte der Fläche quasi hinweg fliegt. Nur auf dem neuen 200-Quetzal-Schein sitzt er gemütlich auf einem Ast.

Fläche: 108.889 km²
Einwohner: 15,4 Mio.
Amtssprache: Spanisch
1 Quetzal = 100 Centavos
Scheine in Umlauf: 50 Centavos, 1, 5, 10, 20, 50, 100, 200 Quetzales
1 Euro = 10,75 Quetzales

Dieser Schein ist aber auch aus anderem Grund außergewöhnlich. Denn auf der Rückseite ist ein Notenblatt abgebildet. Es zeigt eine Partitur von Germán Alcántara, einem der bekanntesten Komponisten des Landes, der Ende des 19. Jahrhunderts zahlreiche Weisen und Lieder schuf, die auch heute noch gesungen werden. Eines der bekanntesten Stücke ist „La Flor del Café", das auf dem 200-Quetzal-Schein abgebildet ist. Unter dem Notenblatt ist das Nationalinstrument des Landes zu sehen: eine Marimba, eine Art Xylofon, das auch Halbtöne enthält.

Schließlich zeigt der Schein eine Darstellung von Ruinen in einer mondhellen Nacht. Hierbei handelt es sich um eine Veranschaulichung eines Liedes von Mariano Valverde, das dieser nach den beiden fürchterlichen Erdbeben vom Dezember 1917 und Januar 1918 schrieb mit dem Titel „Noche de luna entre ruinas" (Mondhelle Nacht zwischen Ruinen). Damals war die Hauptstadt praktisch komplett zerstört worden – was sich übrigens 1976 wiederholte.

Überhaupt mussten die Guatemalteken in den vergangenen Jahrzehnten viel erleiden, die schlimmste Phase war wahrscheinlich die Zeit des Bürgerkrieges zwischen 1960 und 1996, die rund 200.000 Menschen das Leben kostete. Daher ist es kein Wunder, dass auf den Geldscheinen nur Personen aus früheren, besseren Zeiten abgebildet sind, allen voran José María Orellana auf dem 1-Quetzal-Schein.

Der General putschte sich 1921 an die Macht und führte das Land bis zu seinem Tod 1926. Dennoch zeichnete er sich als Reformer aus, der vor allem die ökonomischen Probleme des Landes anging, wozu auch eine hohe Inflation gehörte. Zu seinen Maßnah-

men gehörte 1925 die Gründung einer Zentralbank und die Einführung der neuen Währung: des Quetzal.

Daneben sind diverse Freiheitskämpfer und frühe Präsidenten vom Ende des 19. Jahrhunderts zu sehen. Mit Francisco Marroquín wird auf dem 100er-Schein aber auch ein Geistlicher gewürdigt, nämlich der erste Bischof Guatemalas, der dieses Amt 1537 mit der Begründung erhielt, „Beschützer der Indianer" zu sein. Tatsächlich hat er zumindest eine Grammatik der wichtigsten Maya-Sprachen geschrieben.

Auf diese Kultur wird auf den Geldscheinen ansonsten

jedoch nur noch sehr versteckt Bezug genommen. So ist die Wertangabe jeweils auch in den Zeichen des Zählsystems der Maya angegeben. Zu lesen sind diese Zahlen als Kombination übereinandergestapelter Blöcke, die auf der Zahl 20 aufbauen, denn das Zahlensystem der Maya ist kein Dezimalsystem, sondern basiert auf der Zahl 20.

Das System funktioniert so, dass der unterste Block jeweils Vielfache von 1 bezeichnet, der darüber liegende Vielfache von 20, der darüber wiederum Vielfache von 400, dann Vielfache von 16.000 und so weiter.

Beim 1-Quetzal-Schein ist dies noch leicht zu übertragen, denn da steht einfach ein Punkt in der oberen rechten Ecke des Geldscheines. Beim 200-Quetzal-Schein sind es dagegen zwei Linien über einer Muschel. Die Muschel steht dabei für die Zahl 0, bezeichnet also im untersten Block 0 mal 1, also 0. Eine Linie steht für die Zahl 5, zwei Linien entsprechen also 10, und 10 mal 20 ergibt 200, eben der Wert des Scheines. Es ist eine etwas gewöhnungsbedürftige Art des Zählens, wie ja aber auch schon das Bezahlen mit einem Vogel.

Guyana

Im Land des vielen Wassers

uyana ist den meisten Menschen hierzulande wahrscheinlich vor allem wegen des Massenselbstmordes von Jonestown im Jahr 1978 ein Begriff. Über 900 Mitglieder einer US-Sekte brachten sich damals im Urwald des Landes um oder wurden ermordet. Sie waren zuvor dorthin ausgewandert, weil die Gegend als besonders abgelegen galt.

Fläche: 214.970 km²
Einwohner: 785.000
Amtssprache: Englisch
1 Guyana Dollar = 100 Cents
Scheine in Umlauf: 20, 100, 500, 1000 Dollar
1 Euro = 278 Dollar

Das ist sie im Prinzip heute noch. Auf einer Fläche, die immerhin rund zwei Drittel der Größe Deutschlands ausmacht, leben etwa so viele Menschen wie in Frankfurt am Main. Hinzu kommt, dass sich das Land nur bedingt dem Ausland geöffnet hat. So darf beispielsweise ausländisches Geld nicht einfach von jedem an einem beliebigen Ort eingewechselt werden. Dies geht vielmehr nur an gerade mal 18 offiziell lizenzierten Stellen, allesamt in der Hauptstadt Georgetown. Wer anderweitig versucht, Guyana-Dollar zu erwerben, macht sich strafbar.

Der Grund für diese Restriktion liegt allerdings sicher nicht darin, dass die Scheine so außerordentlich schön wären, dass man sie vor dem Zugriff der Ausländer schützen möchte. Denn auf den Vorderseiten zeigen sie lediglich die Wertangabe über einem Wappen. Daneben ist auf den Scheinen mit höherem Wert die Landkarte des Landes zu sehen. Der 20-Dollar-Schein sowie die Noten mit Werten darunter zeigen an dieser Stelle dagegen die Kaieteur-Wasserfälle im Hochland Guyanas – der Landesname bedeutet in den Sprachen der indianischen Ureinwohner „Land des vielen Wassers".

Ursprünglich war das Gebiet von den Niederländern kolonisiert worden, seit Ende des 18. Jahrhunderts hatten jedoch die Briten die Kontrolle übernommen. 1966 wurde das Land unabhängig, seit 1970 ist es eine Republik, d.h. die britische Königin ist seither auch formal nicht mehr das Staatsoberhaupt.

Als Relikt aus der Kolonialzeit blieb jedoch der Guyana-Dollar, da diesen die Briten bereits 1839 eingeführt hatten. Auf dessen Rückseiten geht es noch langweiliger zu als auf den Vorderseiten. Dort sind beispielsweise das Parlament, eine Kirche aus der Hauptstadt Georgetown sowie das Gebäude der Notenbank zu sehen. Auf der 20-Dollar-Note wird immerhin etwas Abwechslung geboten, denn dort wird eine Fähre abgebildet, die Malali, die die Hauptstadt mit einigen umliegenden Siedlungen verbindet. Das Schiff ist allerdings schon über 50 Jahre alt und reichlich altersschwach, eine Fahrt ist somit auch eher Menschen mit suizidalen Gedanken zu empfehlen. Oder all jenen Bewohnern des Landes, die im Alltag leider auf dieses Transportmittel angewiesen sind.

Diese könnten das Schiff zudem aber zusätzlich in Gefahr bringen, indem sie zu viel Geld mit sich tragen. Denn bisher mussten die Menschen stets Bündel an Bargeld mit sich tragen. Der Schein mit dem größten Wert war nämlich der 1000er – dieser entsprach gerade mal rund vier Euro. Seit Dezember 2013 gibt es aber nun immerhin eine neue 5000-Dollar-Note. Diese macht nicht nur das Bezahlen leichter. Ihre Rückseite ist auch ein wenig origineller gestaltet als die anderen. Denn dort wird der Regenwald des Landes gezeigt. Dieser ist in dem dünn besiedelten Land immerhin überall präsent.

Haiti

Eine der ältesten Währungen der Welt

Dass ausgerechnet Haiti eine der ältesten Währungen der Welt besitzt, würden sicher wenige vermuten. Doch die Gourde gibt es in der Tat bereits seit 1813. Der Name der Währung leitet sich vom spanischen „gordo" ab, was soviel wie „dick", „fett" bedeutet. Damit wurde einst der Peso bezeichnet, der in den französischen Kolonien der Karibik bis zu Beginn des 19. Jahrhunderts teilweise als Währung fungierte. Nach der Unabhängigkeit Haitis 1804 dauerte es neun Jahre, bis das Land seine eigene Währung schuf und ihr den Namen „Gourde" gab.

1870 und 1872 fanden die ersten Währungsreformen statt, bei denen die „Dicke" abgewertet wurde. 1912 wurde sie dann an den US-Dollar gekoppelt, im Verhältnis 1 zu 5. Erst seit 1989 ist die Gourde frei konvertibel. Doch aus der langen Zeit der Dollar-Bindung stammt der Brauch, fünf Gourdes heute noch als haitianischen Dollar zu bezeichnen.

Fläche: 27.750 km²
Einwohner:10,4 Mio.
Amtssprachen: Französisch, Haitianisch (Krèyol)
1 Gourde = 100 Centimes
Scheine in Umlauf: 10, 25, 50, 100, 250, 500, 1000 Gourdes
1 Euro = 63,45 Gourdes

Die dominante Sprache auf den Gourdes-Scheinen ist französisch. Doch auf den neueren Scheinen stehen die Wertangaben nun auch in Haitianisch. Dies ist eine Kreolsprache, die auf dem Französischen basiert, aber mit Elementen vor allem afrikanischer Sprachen durchmischt wurde. Auf dem 250er-Schein steht etwa französisch „deux cent cinquante gourdes", und darunter auf Haitianisch „desan senkant Goud", dazu die Angabe „Bank Repiblik Dayiti" – „Banque de la République d'Haiti". Nur der 1000-Gourdes-Schein ist nach wie vor einsprachig französisch gehalten – vielleicht, weil diesen ohnehin nur die vorwiegend weiße, französischsprachige Oberschicht zu sehen bekommt.

Auf den Vorderseiten der Scheine sind Persönlichkeiten der haitianischen Geschichte zu sehen. So zeigt der Schein zu 10 Gourdes Sanitè Belair, die eigentlich als Suzanne Belair geboren wurden. Sie gehörte zur Schicht der befreiten Sklaven und kämpfte gemeinsam mit ihrem Mann für die Unabhängigkeit des Landes. Beide wurden 1805 hingerichtet.

Ebenfalls entscheidend beteiligt am Kampf für die Unabhängigkeit war Jean-Jacques Dessalines, der auf dem 250er-Schein zu sehen ist. Er krönte sich nach der Unabhängigkeit 1801 zum Kaiser, wurde jedoch 1807 ermordet.

Sein Nachfolger wurde Henri Christophe, abgebildet auf dem 100er-Schein. Auch dieser war ein befreiter Sklave. Zunächst wurde er Präsident Haitis, 1811 dann König eines nordhaitianischen Staates, da der Süden von einem Rivalen kontrolliert wurde: Alexandre Pétion, der heute auf der 500-Gourdes-Banknote zu sehen ist.

Der einzige, der auf den Scheinen abgebildet ist und nicht in dieser turbulenten Zeit lebte, ist Nicolas Geffrard auf der Note zu 25 Gourdes. Er lebte von 1871 bis 1930 und schuf die Nationalhymne des Landes.

Auf den Rückseiten sind alte Forts abgebildet, oft Schauplätze der kriegerischen Vorgeschichte des Landes. Eine Ausnahme bildet wieder der 1000-Gourdes-Schein, auf dessen Rückseite der Marché Vallières zu sehen ist, ein Marktgebäude aus dem 19. Jahrhundert. 2008 wurde es durch ein Feuer zerstört, das Erdbeben vom Januar 2010 tat sein Übriges. Anders als all die ebenfalls weitgehend zerstörten Forts auf den anderen Scheinen, wurde das Marktgebäude jedoch wieder aufgebaut.

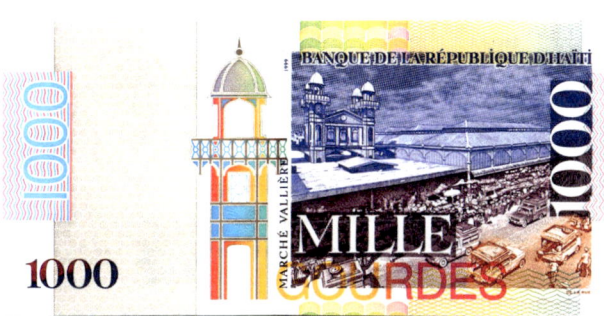

Honduras

Das Geld des Häuptlings

Die Aufständischen schienen nicht zu besiegen zu sein, große Teile des heutigen Honduras waren Ende 1537 schon in ihrer Hand. Die spanischen Eroberer gerieten immer stärker in Bedrängnis. Da griff deren Anführer, Alonso de Cáceres, zu einer List. Er lud den Führer der rebellierenden Indios, den Häuptling Lempira, zu einem Friedensgespräch ein.

Dieser erschien, machte jedoch deutlich, dass er nicht gewillt sei klein beizugeben. Doch kaum hatte er gesprochen, erschoss ihn ein versteckter Scharfschütze der Spanier. Lempiras 30.000 Gefolgsleute flohen oder ergaben sich.

Lempira, dessen Name „Herr der Berge" bedeutet, ging dennoch in die Geschichte ein, und zwar als Namensgeber für die honduranische Währung, die 1926 eingeführt wurde. Auf dem 1-Lempira-Schein ist er abgebildet, und auf der Rückseite wird ebenfalls an die große Indio-Vergangenheit Mittelamerikas erinnert. Dort sind die Ruinen des Maya-Tempels von Copan zu sehen. Darin wird Pelota gespielt, ein aus Spanien importiertes Ballspiel.

Kriege einerseits, Ballspiele andererseits – sie sind in dem mittelamerikanischen Land leider traditionell unrühmlich miteinander verstrickt. Einer der tragischen Tiefpunkte in der Geschichte von Honduras ist eine Kombination aus beidem: der sogenannte Fußball-Krieg gegen El Salvador. Er brach 1969 in der Folge von Schlägereien bei einem Fußballspiel zwischen den beiden Nationalmannschaften aus. Nach vier Tagen war er aber immerhin schon wieder beendet.

So ist es nicht weiter verwunderlich, dass auf dem 5-Lempira-Schein ebenfalls wieder auf die blutige Vergangenheit aufmerksam gemacht wird. Abgebildet ist hier die Schlacht von La Trinidad aus dem Jahre 1827. Sie fiel in die turbulente Zeit des Kampfes um die Unabhängigkeit Mittelamerikas von Spanien mit den anschließenden Auseinandersetzungen zwischen den Vertretern der Zentralamerikanischen Föderation und den einzelnen Regionen.

Davon berichtet indirekt auch die 20-Lempira-Banknote. Denn darauf ist José Dionisio de la Trinidad de Herrera y Díaz del Valle abgebildet. Er war von 1824 bis 1827 Präsident von Honduras, wurde dann von den Kämpfern der Föderation gestürzt, trat jedoch drei Jahre später den Posten des Staatschefs von Nicaragua an, wo er wiederum drei Jahre lang regierte. 1834 wurde ihm dann sogar noch das Amt des Regenten von El Salvador angetragen. Diesmal lehnte er jedoch ab.

Fläche: 112.492 km^2	
Einwohner: 8,4 Mio.	
Amtssprache: Spanisch	
1 Lempira = 100 Centavos	
Scheine in Umlauf: 1, 2, 5, 10, 20, 50, 100, 500 Lempiras	
1 Euro = 26,91 Lempiras	

Die Abbildungen der restlichen Banknoten sind dagegen weniger blutgetränkten Epochen der Landesgeschichte gewidmet, zeigen meist Persönlichkeiten die mit Worten statt mit Waffen kämpften. Dazu gehört auf dem 100-Lempira-Schein José Cecilio del Valle, der 1834 zum Präsidenten gewählt worden war, jedoch verstarb, bevor er den Posten übernehmen konnte. Der 50-Lempira-Schein zeigt Juan Manuel Galvez, der zwischen 1949 und 1954 als Präsident amtierte und sich als Sozialreformer hervortat.

Die Rückseiten präsentieren zumeist relativ langweilige Gebäude der Neuzeit, beispielsweise die Universität von Tegucigalpa, den alten Präsidentensitz oder die Zentralbank des Landes – immerhin aber der Ort, an dem Lempira heute zu Hause ist.

Jamaika

Die Nanny der Sklaven

Reggae, Rastafari und Usain Bolt – das verbindet man üblicherweise mit Jamaika, dafür ist der Inselstaat in der Karibik berühmt. Doch auf dessen Geldscheinen ist davon nichts zu sehen. Denn diese widmen sich sehr prominent einem ganz anderen Thema: den sieben Nationalhelden des kleinen Landes.

Die Bezeichnung „Nationalheld Jamaikas" ist dabei ein offizieller Titel, mit dem auch ein Orden verbunden ist. Allerdings haben fünf der sieben diesen nie gesehen – der Titel wurde ihnen nämlich erst postum verliehen. Am längsten zurück liegen dabei die Heldentaten der „Nanny of the Maroons", die auf dem 500-Dollar-Schein zu sehen ist. Sie wurde ungefähr 1686

Fläche: 10.991 km²
Einwohner: 2,7 Mio.
Amtssprache: Englisch
1 Jamaika Dollar = 100 Cents
Scheine in Umlauf: 50, 100, 500, 1000, 5000 Dollar
1 Euro = 150 Dollar

in Ghana als Angehörige des Stammes der Aschanti geboren, jedoch schon in jungen Jahren zusammen mit ihren Brüdern in die Sklaverei nach Jamaika verkauft. Dort gelang ihnen allerdings bald die Flucht.

Sie gingen in die Berge und schlossen sich den so genannten „Maroons" an – entlaufenen Sklaven, die sich gemeinsam durchschlugen, bei der Befreiung anderer Sklaven halfen und teilweise auch die Plantagen der weißen Grundbesitzer zerstörten. Nanny wurde dabei schnell zu einer treibenden Kraft, führte mehrere Sklavenaufstände an und soll im Laufe ihres Lebens an der Befreiung von rund 800 Sklaven beteiligt gewesen sein. Eine Region, in der die Maroons lebten, wurde sogar als „Nanny Town" bezeichnet.

Über das Todesjahr von Nanny gibt es unterschiedliche Angaben. Einige Quellen datieren es auf das Jahr 1740, andere schon auf 1733. Das ist nicht ganz unwichtig, denn 1739 unterzeichnete ihr Bruder einen Friedensvertrag mit den Engländern.

Er gewährte den Maroons Freiheit, wenn sie dafür neu entlaufene Sklaven auslieferten. Ob Nanny dies billigte oder nicht, ist nicht klar, eben vor allem weil ihr Todesjahr umstritten ist.

Rund 100 Jahre später, aber immer noch in der Sklaverei, lebte Samuel Sharpe, der auf dem 50-Dollar-Schein zu sehen ist und ebenfalls als Nationalheld geehrt wird. Er führte den größten Sklavenaufstand im Jahre 1831/32 an. Dieser wurde jedoch niedergeschlagen und Sharpe anschließend gehängt – ein Jahr später wurde dann jedoch vor dem Hintergrund dieser Ereignisse die Sklaverei abgeschafft.

Dennoch dauerte es noch rund 130 Jahre, bis Jamaika die Unabhängigkeit erlangte. Die fünf weiteren Nationalhelden machten sich in der Zeit bis dahin um das Land verdient oder führten es in den ersten Jahren der Eigenständigkeit. Sie alle sind entweder auf ei-

nem der Scheine oder auf den Münzen verewigt.

Auf den Rückseiten sind Darstellungen aus der Natur des Landes zu sehen, wie die Wasserfälle am Dunn's River auf dem 100-Dollar-Schein. Daneben gibt es aber auch Gebäude, einen Strand und sogar eine Autobahn zu sehen.

Nur die Gedenkbanknoten, die zum 50. Jahrestag der Unabhängigkeit im Jahre 2012 herausgegeben wurden, zeigen auf den Rückseiten jeweils das Bild einer Gruppe von elf Kindern. Es handelt sich um Schüler der Central Branch Primary School, und die Aufnahme stammt aus dem Jahr 1962, eben dem Jahr der Unabhängigkeit.

Das Bild wurde bereits zwischen 1969 und 1994 auf der Banknote zu 2-Dollar gezeigt. Nun ist es wieder zu sehen und soll dabei das Staatsmotto symbolisieren: Out of many one people – Aus vielen ein Volk. Denn auf dem Bild lachen friedlich vereint Kinder unterschiedlicher Hautfarbe – keine Selbstverständlichkeit angesichts der Geschichte des Inselstaates.

Kaiman-Inseln

Elisabeth im Aquarium

E igentlich müssten die Kaiman-Inseln auf ihren Geldscheinen einen großen Briefkasten abbilden. Denn die drei Eilande, zwischen Kuba, Jamaika und Mexiko gelegen, sind vor allem Tummelplatz für Tausende von Finanzdienstleistern, die hierhin ihre offizielle Adresse verlegt haben, ohne wirklich vor Ort präsent zu sein.

Fläche: 264 km²
Einwohner: 55.456
Amtssprache: Englisch
1 Cayman Islands Dollar = 100 Cents
Scheine in Umlauf: 1, 5, 10, 25, 50, 100 Dollar
1 Euro = 1,16 Dollar

Wie auch: Auf den Inselchen leben gerade mal 50.000 Menschen. Selbst wenn diese alle in der Finanzindustrie arbeiten würden, dürfte dies kaum reichen, um zu erklären, warum die Inseln der fünftgrößte Finanzplatz der Welt sind. Eher zu erklären ist es damit, dass hier 40 Prozent aller Hedgefonds registriert sind. Verwaltet werden sie zwar meist von London aus. Was Steuern und Kontrollen betrifft, unterliegen sie aber den Regeln der Inseln – und beides gibt es dort praktisch nicht.

Gleichzeitig sind die Cayman Islands, wie sie auf Englisch heißen, aber immer noch eine britische Kronkolonie, sodass statt des Briefkastens die Königin auf den Scheinen dominiert. Auf der neuesten Serie, die 2011 in Umlauf gebracht wurde, muss sie die Vorderseite aber mit allerlei Getier teilen. So schwimmen auf dem 1-Dollar-Schein diverse Fische um sie herum, auf anderen Banknoten sind es Schildkröten oder Krebse. Es sieht ein wenig aus, als habe man die Queen in ein Aquarium gesteckt.

Auch auf den Rückseiten wurde die Natur porträtiert. Hier finden sich neben der Meeresfauna auch Papageien und Blumen. Auf dem 1-Dollar-Schein ist auf der Rückseite ein Felsen zu sehen. Es handelt sich dabei um „The Bluff", eine Erhebung, die auf Cayman Brac liegt, der kleineren der beiden Cayman-Inseln (daher der Plural im Landesnamen). Sie liegt rund 140 Kilometer von Grand Cayman entfernt.

Nur der 100er fällt etwas aus der Reihe, indem er auf der Vorderseite Schiffe und auf der Rückseite eine Ansicht der Hauptstadt George Town zeigt – es handelt sich dabei übrigens ausgerechnet um das international so bedeutende Finanzzentrum der kleinen Stadt mit gerade mal 28.000 Einwohnern.

Doch aus der Reihe gefallen sind die Banknoten der Inseln auch schon früher. Denn 1981 wurde eine 40-Dollar-Note eingeführt – eine höchst ungewöhnliche Stückelungsform. Sie wurde aber schon wenige Jahre später aus dem Verkehr gezogen. Weiterhin üblich sind dagegen 25-Dollar-Noten – auch dies heute eine relativ seltene Stückelung.

Ungewöhnlich ist indes auch der Name: Dollar. Denn immerhin sind die Inseln eine britische Kronkolonie, insofern wäre der Name „Pfund" naheliegender. Doch zum einen

galt schon bis 1972 eine
Währung namens Dollar
auf der Insel, nämlich der
Jamaika-Dollar. Als Jamaika unabhängig wurde,
schuf man eine eigene
Währung, behielt aber den
Namen Dollar bei, zumal
der Wert des neuen Geldes
näher am Wert eines US-
Dollars als eines britischen
Pfunds lag. Noch heute ist
der Dollar der Kaiman-
Inseln an die US-Währung
gebunden, er kann nur
leicht um einen Kurs von
rund 1,20 US-Dollar
schwanken.

Kanada

Diskriminierungsfreie Eistaucher

In den Jahren 2012/13 hat Kanada eine neue Geldscheinserie in Umlauf gebracht. Ihr ist eigen, dass sie nicht mehr auf der Basis von Papier oder Baumwolle produziert wird. Vielmehr handelt es sich um Polymernoten, die schon seit einigen Jahren in immer mehr Ländern üblich werden. Für den Nutzer sind sie leicht an der glatten Oberfläche erkennbar. Der größte Vorteil soll sein, dass sie nicht so leicht verschmutzen und länger in Umlauf bleiben können. Sprich: Der Umlauf der Noten wird günstiger.

Jedoch ist dieses Argument im Falle Kanadas wenig überzeugend. Denn das Land legt ohnehin etwa alle 15 Jahre eine neue Geldscheinserie auf. Zuletzt war dies 2001 geschehen, davor 1986. Jedes Mal wurden die Darstellungen komplett überarbeitet oder ausgetauscht.

Fläche: 9.984.670 km²
Einwohner: 35,1 Mio.
Amtssprachen: Englisch, Französisch
1 Kanadischer Dollar = 100 Cents
Scheine in Umlauf: 5, 10, 20, 50, 100 Dollar
1 Euro = 1,54 Dollar

In den 80er-Jahren wurden Vögel des Landes auf die Rückseiten von Scheinen und Münzen gebannt. Die Ein-Dollar-Münze und der 20-Dollar-Schein zeigten dabei einen Eistaucher, englisch „loon". Davon leitete sich schon bald das Wort „loonie" ab, womit der kanadische Dollar heute im Alltag oft bezeichnet wird.

2001 wurden die Vögel von berühmten Persönlichkeiten abgelöst, die bei der jüngsten Neugestaltung immerhin erhalten blieben. So zeigt der 50-Dollar-Schein den ehemaligen Premierminister William Lyon Mackenzie King, der bis 1948 insgesamt 22 Jahre im Amt war. Keiner führte das Land länger als er, und er gilt als Begründer des kanadischen Wohlfahrtsstaats, durch den sich Kanada heute so grundsätzlich von den USA unterscheidet.

Auf dem 100-Dollar-Schein ist Sir Robert Borden zu sehen, ebenfalls ein ehemaliger Premierminister, der von 1911 bis 1920 im Amt war. Die 20-Dollar-Note dagegen zeigt das formale Staatsoberhaupt des Landes – die britische Königin.

Die Rückseiten wurden gegenüber der letzten Scheinserie deutlich verändert. Nunmehr werden hier kanadische Erfolge im Bereich der Forschung gefeiert. So zeigt der 50-Dollar-Schein die CCGS „Amundsen", einen Eisbrecher, mit dem auf Kanadas Beitrag zur Erforschung der Arktis verwiesen wird. Die 5-Dollar-Note verweist auf die Mitwirkung des Landes an der internationalen Raumstation ISS. Gezeigt wird ein multifunktionaler Roboterarm, dazwischen ein Astronaut.

Auf dem 100-Dollar-Schein ist eine Frau an einem Mikroskop zu sehen, daneben ein Fläschchen Insulin und darunter die Darstellung einer Herzfrequenz an einem Monitor.

Damit soll einerseits der kanadische Anteil an der Entwicklung des Herzschrittmachers und andererseits die Mitwirkung kanadischer Wissenschaftler bei der Erforschung von Insulin zur Behandlung von Diabetes gewürdigt werden.

Wobei dies nicht ganz ohne Diskussionen ablief. Berichten zufolge soll die Frau, die an dem Mikroskop abgebildet ist, zunächst asiatische Gesichtszüge gehabt haben. Erst kurz vor Auflegung der neuen Serie soll diese dann durch eine Person mit europäischer Anmutung ersetzen worden sein.

Die kolportierte Begründung: Man habe Asiaten nicht diskriminieren wollen, indem man sie auf eine herausragende Stellung in der Forschung festlege. Nun erscheinen daher gar keine Asiaten auf den Scheinen, obwohl sie inzwischen einen großen Teil der Bevölkerung stellen. Fragt sich, was diskriminierender ist.

Kolumbien

200 Jahre blutiger Konflikte

Kolumbien ist bei uns heute bekannt für jahrelange bewaffnete Auseinandersetzungen mit linken Rebellengruppen sowie für Drogenkartelle, die einen Staat im Staate bilden. Konflikte, auch blutig ausgetragene, sind in dem Land allerdings leider nichts Neues. Sie durchziehen vielmehr seine Geschichte, wovon die Banknoten des Landes Zeugnis geben.

So begegnet uns auf dem 2000-Peso-Schein Francisco de Paula Santander. Er gehörte zusammen mit Simon Bolívar zu den großen Befreiern Südamerikas von der spanischen Kolonialherrschaft. Zu Beginn sollen die beiden sogar enge Freunde gewesen sein. Als die Region 1810 unter dem Namen Republik Neugranada unabhängig wurde, bekleidete Bolívar das Amt des Präsidenten, Santander wurde Vizepräsident.

Fläche: 1.138748 km²
Einwohner: 46,4 Mio.
Amtssprache: Spanisch
1 Kolumbianischer Peso = 100 Centavos
Scheine in Umlauf: 1000, 2000, 5000, 10.000, 20.000, 50.000 Pesos
1 Euro = 2845 Pesos

Im Laufe der Jahre zerstritten sie sich jedoch mehr und mehr, schließlich soll Santander sogar einen Mordanschlag auf Bolívar verübt haben. Zwei Jahre später, 1830, starb Bolívar. Doch da waren die Gegensätze im Land schon so groß, dass sich schließlich der Ostteil, das heutige Venezuela, abspaltete. Santander wurde Präsident im Westteil, dem heutigen Kolumbien.

Zur gleichen Zeit, doch auf ganz andere Art, wirkte Policarpa Salavarrieta, die auf der Banknote zu 10.000 Pesos zu sehen ist. Sie arbeitete als Damenschneiderin, war daneben aber auch als Spionin für die Unabhängigkeitsbewegung tätig, da sie als Frau relativ unverdächtig war. Schließlich wurde sie enttarnt und hingerichtet. Sie wird bis heute in vielen Gedichten verehrt.

Einen Sprung ins 20. Jahrhundert macht dagegen die 1000-Peso-Note, auf der auf der Vorderseite Jorge Eliécer Gaitán zu sehen ist. Er wirkte in den 1940er Jahren als Bürgermeister von Bogotá und als Minister. Dabei positionierte er sich vor allem als Kämpfer für das Volk und gegen die Oberschicht. Für die Präsidentschaftswahlen von 1950 galt er als aussichtsreichster Kandidat, doch kurz zuvor wurde er ermordet. Diese Tat stürzte das Land in einen jahrelangen Bürgerkrieg, dem bis zu 200.000 Menschen zum Opfer gefallen sein sollen.

Chaos ist also keine neue Erscheinung in Kolumbien. Und wie zur Bestätigung ist auch die Gesamt-Serie der gegenwärtig gültigen Banknoten von einem ziemlichen Durcheinander geprägt. Denn während einerseits die drei erwähnten politisch aktiven Persönlichkeiten darauf gewürdigt werden, zeigen die anderen Scheine zwei Dichter sowie einen

Mathematiker. Zudem ist die Gestaltung vollkommen uneinheitlich. Es werden unterschiedliche Schriften verwendet, die Wertangaben stehen immer wieder an einer anderen Stelle, die Rückseiten zeigen mal modernistisch skizzierte Gebäude, mal eine ländliche Szenerie im Stil der naiven Malerei.

Schließlich sind die Darstellungen auf der Banknote zu 50.000 Pesos sogar vertikal, während sie auf allen anderen Scheinen horizontal angeordnet sind. Zudem sind hier die Ziffern nicht komplett ausgeschrieben, der Wert wird mit „50 Mil" bezeichnet. Dies sollte ein Vorgriff auf eine Währungsreform sein, bei der drei Nullen gestrichen werden. Diskutiert wird ein solcher Plan im Parlament bereits seit 2001. Bis heute wurde er jedoch nicht umgesetzt. Um solche Reformen erfolgreich umsetzen zu können, muss das Land vielleicht erst einmal wirklich zur Ruhe kommen.

Kuba

Waffen, Revolution und eine kleine Marotte

Natürlich grüßt von kubanischen Banknoten Che Guevara. Der südamerikanische Revolutionär und einstige Kumpan Fidel Castros schmückt die Banknote zu 3 Peso in altbekannter Pose – leichter Blick nach links, unrasiert und unfrisiert, obligatorische Mütze mit dem roten Stern. Auf der Rückseite läuft Che durch ein Feld und schneidet Zuckerrohr – wenig überraschende Revolutionsromantik.

Ungewöhnlich ist an dem Schein viel eher der Wert: drei Pesos. Denn eine solche Stückelung ist extrem selten. Diese Seltenheit ist kein Zufall, denn Banknoten-Stückelungen folgen einem mathematischen Prinzip. Die Reihenfolge 1, 2, 5, die bei den Währungen heute üblich ist, eignet sich am besten, um beliebige Beträge beim Bezahlen zusammenzustellen. Doch warum weicht Kuba davon ab?

Der Grund liegt in der jahrzehntelangen Nähe zur Sowjetunion. Vor der kubanischen Revolution war der Peso an den US-Dollar gebunden, als die Verbindungen zu den USA gekappt wurden, trat an diese Stelle die Bindung an den sowjetischen Rubel. Und von diesem gab es stets einen 3er-Schein. Naheliegenderweise übernahm Kuba vom großen Bruder auch diese Marotte.

Ende der 80er-Jahre implodierte jedoch das sowjetische Imperium, was auf Kuba zu einer tiefen wirtschaftlichen Krise führte. Fidel Castro und seine Revolutionäre mussten sich gezwungenermaßen wieder an den US-Dollar anlehnen. Diesmal wurde jedoch nicht der Peso daran gebunden, vielmehr wurde der Dollar als Parallelwährung eingeführt. 1994 wurde diese Phase wieder beendet und an die Stelle des Dollar trat eine eigene Zweitwährung, der konvertible Peso (Peso Cubano Convertible, abgekürzt CUC).

Ende 2013 verkündete die Regierung zwar, dass sie beide Währungen zusammenführen will. Wann dies geschehen soll, sagte sie jedoch nicht. Bis heute gibt es daher zwei Währungen auf Kuba: einerseits den „normalen" Peso, der für grundlegende Dinge des täglichen Gebrauchs in den staatlichen Läden eingesetzt werden kann, andererseits den CUC, der für den Kauf von Luxusgütern gebraucht wird und den vor allem Touristen nutzen müssen. Er ist eins zu eins an den Dollar gebunden, insofern könnte man auch gleich Dollar nutzen. Doch durch die Zweitwährung kontrolliert die Regierung den Markt.

Auch wenn die CUC-Scheine meist von Ausländern genutzt werden, kommen sie nicht weniger revolutionär daher. Auf dem 3-CUC-Schein ist wiederum Che Guevara zu se-

Fläche: 109.884 km²

Einwohner: 11,2 Mio.

Amtssprache: Spanisch

1 Kubanischer Peso = 100 Centavos
1 Peso convertible = 100 Centavos

Scheine in Umlauf:
Peso: 1, 3, 5, 10, 20, 50, 100;
Peso convertible: 1, 3, 5, 10, 20, 50, 100

1 Euro = 31,57 Kubanische Pesos = 1,39 Pesos convertibles

hen, wenngleich nur ein Denk-
mal von ihm. Dafür werden auf
der Rückseite Rebellen mit
Gewehren abgebildet, die gegen Panzer kämpfen. Auch auf
anderen Scheinen werden dem
Betrachter Gewehre und Pisto-
len entgegengereckt, ganz wie
auf den „normalen" Peso-
Scheinen. Selbst ein simples
Stromkraftwerk auf dem 10-
CUC-Schein ist mit „Revolu-
ción Energetica" (Energierevo-
lution) betitelt.

Der 50-CUC-Schein schließlich zeigt eine politische Kund-
gebung. Zu sehen ist auf den
Transparenten erneut Che Guevara, aber auch eine politische
Losung: „Trincheras de ideas
valen más que trincheras de
piedras", zu Deutsch: Schützengräben aus Ideen sind wert-
voller als Schützengräben aus
Stein. Das Motto stammt vom
Unabhängigkeitskämpfer José
Martí. Doch wer darin einen
leicht pazifistischen Ansatz
wittert, der wird auf demselben
Schein desillusioniert. Denn
auf der abgebildeten Kundge-
bung reckt im Hintergrund
jemand ein anderes Plakat em-
por: Patria o muerte – Vater-
land oder Tod.

Mexiko

Vom Gesang des Zenzontle

"A mo el canto del zenzontle, ave de cuatrocientas voces, amo el color del jade y el enervante perfume de las flores, pero amo más a mi hermano el hombre" – so steht es in kleiner Schrift auf der 100-Peso-Banknote Mexikos. Es ist ein Gedicht von Nezahualcóyotl, dem Herrscher der Acolhua, der im 15. Jahrhundert lebte und auf dem Schein ebenfalls abgebildet ist. Er, dessen Name „Hungriger Kojote" bedeutet, machte sich nicht nur als erfolgreicher Krieger einen Namen, sondern auch als Architekt, Dichter und Philosoph.

Und sein Denken muss von tiefem Humanismus geprägt gewesen sein, so legt es das Gedicht nahe: „Ich liebe den Gesang des Zenzontle, Vogel mit vierhundert Stimmen, ich liebe die Farbe der Jade und den betörenden Duft der Blumen, aber am meisten liebe ich meinen Bruder, den Menschen."

Auf der Rückseite des selben Scheines ist die große Pyramide von Tenochtitlán abgebildet, der größte und wichtigste Tempel der Azteken.

Das ist zwar schon die gesamte Referenz an die Zeit vor Ankunft von Kolumbus. Denn auf den übrigen Banknoten werden überwiegend Vorkämpfer der mexikanischen Unabhängigkeit gefeiert. Jede einzelne besticht jedoch durch eine Vielzahl von Bezügen auf die jeweilige Epoche. Wer sich mit den einzelnen Darstellungen auf den Scheinen beschäftigt, erhält so einen tiefen Einblick in Geschichte und Kultur Mexikos.

Ein besonders eindrucksvolles Beispiel ist der 500-Peso-Schein. Auf der Rückseite ist hier Frida Kahlo zu sehen, die wohl wichtigste und bekannteste mexikanische Malerin. Daneben eines ihrer bedeutendsten Werke mit dem Titel „Die Liebesumarmung des Universums, die Erde (Mexiko), ich, Diego und Señor Xólotl". Es ist ein kompliziertes Gemälde, das aztekische Vorstellungen vom Universum mit dem persönlichen Denken Kahlos verbindet. Im Zentrum ist sie selbst zu sehen, wie sie ihren Ehemann Diego wie ein Kind in ihren Armen hält.

Dieser Diego Rivera ist auf der Vorderseite desselben Scheines zu sehen, in Form eines Selbstporträts. Daneben eines seiner Werke namens „Desnudo con Alcatrazes", das Bild eines Nackten vor einem Lilienfeld, darüber ein bekanntes Zitat Riveras: „Man sagt, die Revolution brauche die Kunst nicht, die Kunst brauche aber die Revolution. Das ist nicht sicher. Die Revolution braucht eine revolutionäre Kunst."

Eine politische Revolution hat es in Mexiko schon 1910 gegeben. Sie gilt bis heute als ein wichtiges Ereignis. Immerhin gibt es sogar eine „Partei der institutionalisierten Revo-

Fläche: 1.972.550 km^2
Einwohner: 118,4 Mio.
Amtssprache: Spanisch
1 Mexikanischer Peso = 100 Centavos
Scheine in Umlauf: 20, 50, 100, 200, 500, 1000 Pesos
1 Euro = 18,37 Pesos

lution", die zudem seit 1910 die meiste Zeit die Regierung stellte.

Daher wurde natürlich anlässlich des 100. Jahrestages der Revolution auch ein Sonderexemplar des 100-Peso-Scheines herausgegeben. Darauf ist jedoch kein Nezahualcóyotl mehr zu sehen, sondern vielmehr eine Lokomotive, die die Revolutionäre durchs Land fährt, sowie bewaffnete Kämpfer aus dem Volk.

Wer indes das Gedicht von Nezahualcóyotl einmal in der Originalsprache hören möchte, kann dies auf der Internetseite der mexikanischen Nationalbank tun (www. banxico.org.mx). Dort, im Bereich der Seite, wo die Banknoten gezeigt und erklärt werden, gibt es einen kleinen Film zum 100-Peso-Schein, in dem das Gedicht in Náhuatl vorgetragen wird: „Nictlazohtla in centzontototl icuicauh …"

Nicaragua

Das Leid mit den Männern

eldscheine sind allzu oft ein Sammelplatz für Köpfe – von Kämpfern und Helden, von Poeten und Forschern, von Potentaten und Revolutionären. Fast immer sind es Männer, und hin und wieder sind diese auch Repräsentanten tief verfeindeter Gruppen innerhalb einer Gesellschaft.

Um diesen Riss zu kitten, liegt die beste Lösung manchmal darin, die Männer einfach komplett von den Geldscheinen zu verbannen. Das hat Nicaragua mit seiner neuesten Banknotenserie getan, die 2007 herausgegeben wurde. Keine Männerköpfe mehr zu sehen, nirgendwo.

Und das, obwohl sogar der Name der Währung auf einen Mann zurückgeht. Der Córdoba wurde nach dem spanischen Eroberer Francisco Hernández de Córdoba benannt. Er hatte zu Beginn des 16. Jahrhunderts die beiden Städte León und Granada gegründet, die bis heute als die Wiege des nicaraguanischen Staates gelten. Diese beiden Städte waren aber auch über Jahrzehnte hinweg die Basis für die liberalen Kräfte des Landes einerseits und die Konservativen andererseits – und damit für eine jahrzehntelange, oft blutige Auseinandersetzung. Auch um diesen Konflikt zu schlichten wurde schließlich 1858 Managua zur Hauptstadt erhoben, das nicht zufällig genau in der Mitte zwischen León und Granada liegt. Doch das beendete nie den Gegensatz, der die Gesellschaft durchzog. Er wirkt letztlich in anderer Form bis heute fort.

Ein wichtiger Wendepunkt war dabei, als 1979 die Sandinisten unter Daniel Ortega den herrschenden Somoza-Clan stürzten. Sie hoben sogleich „ihre" Männer aufs Schild, sprich auf die Geldscheine. Fortan war darauf Augusto César Sandino zu sehen, ein Kämpfer auf Seiten der Liberalen, der 1934 von Anhängern des damals schon regierenden Somoza-Clans ermordet wurde und Namensgeber der revolutionären Bewegung war. Ein anderer Held, der verewigt wurde, war beispielsweise Rigoberto López Pérez. Er hatte 1956 Präsident Anastasio Somoza García ermordet.

Als 1990 die Sandinisten die Macht wieder verloren, wurde zunächst der Eroberer Córdoba auf die Geldscheine gedruckt, später kamen aber wieder politisch bedeutsame Persönlichkeiten zum Zuge, wie Pedro Joaquín Chamorro, ein Zeitungsverleger, der unter Somoza ermordet und dessen Witwe 1990 zur Präsidentin gewählt worden war.

Seit 2007 regiert zwar wieder Daniel Ortega das Land. Dennoch wurde nun auf den Geldscheinen nicht wieder alles rückabgewickelt. Stattdessen gibt es seither eine neue

Fläche: 130.375 km²	
Einwohner: 6,1 Mio.	
Amtssprache: Spanisch	
1 Córdoba = 100 Centavos	
Scheine in Umlauf: 10, 20, 50, 100, 200, 500 Córdobas	
1 Euro = 35,45 Córdobas	

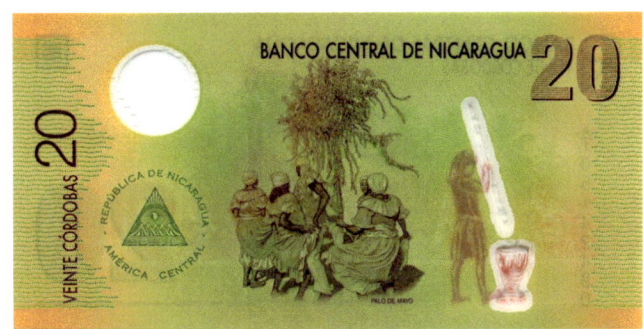

Serie, auf der beispielsweise auf dem 200er-Schein
der Nationalvogel Guarda-
barranco (zu deutsch: Tür-
kisbrauenmotmot) zu se-
hen ist, oder aber Volks-
tänze, Landschaften und
sogar indianische Statuen –
dieser mindestens genau so
wichtige Teil der mittel-
amerikanischen Geschichte
war zuvor völlig außer
Acht gelassen worden.

Zwei Männer tauchen dann
zwar doch wieder auf, al-
lerdings nur sehr versteckt.
Einerseits ist auf dem 100-
Córdoba-Schein das Denk-
mal für den Nationaldich-
ter Rubén Darío abgebildet
– aber eben nicht direkt
seine Person oder sein
Kopf.

Noch loser ist der Zusam-
menhang zwischen der
Abbildung auf dem 500er-
Schein und der männlichen
Macht. Zu sehen ist eine
kleine, schiefe Hütte, und
nur ganz klein ist darunter
vermerkt: „Geburtshaus
von Sandino". Das dürfte
selbst für die Gegner der
Sandinisten zu verschmer-
zen sein.

Ostkaribischer Dollar

Griechische Verhältnisse

Die Schulden wuchsen dem Land über den Kopf. Rund 150 Prozent des Bruttoinlandsprodukts betrug die Last zuletzt. Besonderes Detail: Das Land ist Teil einer Währungsunion. Doch dann gelang der Schnitt, im März 2012 wurde die Schuldenlast durch eine Umschuldung quasi über Nacht drastisch reduziert.

Nein, es geht nicht um Griechenland. Die Rede ist von der karibischen Inselföderation St. Kitts und Nevis. Zusammen mit den anderen Antilleninseln Anguilla, Antigua und Barbuda, Dominica, Grenada, Montserrat, St. Lucia sowie St. Vincent und die Grenadinen bildet sie eine Währungsunion. Seit 1965 nutzen diese Staaten gemeinsam den Ostkaribischen Dollar.

Gemeinsam ist den Antilleninseln auch, dass sie heute fast alle im Wesentlichen vom Tourismus leben. Auf St. Kitts und Nevis war aber jahrzehntelang die Zuckerherstellung die Haupteinnahmequelle. Allerdings fuhren die staatlichen Hersteller schon seit Jahren nur noch Verluste ein, wodurch die enorme Schuldenlast aufgetürmt wurde. Mit dem Schuldenschnitt, der schließlich im Frühjahr 2012 vereinbart wurde, wurde die Schuldenlast auf rund 90 Prozent des Bruttoinlandsprodukts gesenkt. Dabei gab es noch eine weitere Ähnlichkeit mit dem Fall Griechenland: Auch in St. Kitts und Nevis wurden jene, die nicht zustimmten, durch eine sogenannte Collective Action Clause (CAC) zur Teilnahme gezwungen.

Anders als in Europa haben diese Schuldenprobleme jedoch nicht die gesamte Währungsunion in Probleme gestürzt. Dazu ist sie letztlich für die Kapitalmärkte zu bedeutungslos. Zudem ist der Kurs fest an die US-Währung gebunden, bei 2,70 Ostkaribischen für einen US-Dollar.

Trotz der Bindung an die USA ist auf den Geldscheinen die britische Königin abgebildet. Die Inselchen gehören nämlich allesamt zum britischen Commonwealth, so dass Elisabeth II. ihr Staatsoberhaupt ist. Umgeben ist sie dabei auf allen Banknoten von Schildkröten und Fischen. Nur auf einem Schein, demjenigen über 100 Dollar, ist noch eine weitere Persönlichkeit abgebildet: Sir Arthur Lewis. Der Wirtschaftswissenschaftler wurde auf St. Lucia geboren und erhielt 1979 den Nobelpreis für Wirtschaftswissenschaften.

Fläche: 2994 km²

Einwohner: 608.000

Amtssprache: Englisch

1 Ostkaribischer Dollar = 100 Cents

Scheine in Umlauf: 5, 10, 20, 50, 100, Dollar

1 Euro = 3,75 Dollar

Mitglieder der Währungsunion
- Anguilla
- Antigua und Barbuda
- Dominica
- Grenada
- Montserrat
- St. Kitts und Nevis
- St. Lucia
- St. Vincent und die Grenadinen

Anguilla

Antigua und Barbuda

Dominica

Grenada

Montserrat

St. Kitts und Nevis

St. Lucia

St. Vincent und die Grenadinen

Die anderen Rückseiten zeigen jeweils eine Landkarte mit den Antilleninseln sowie Ansichten von einzelnen Inseln. St. Kitts und Nevis ist jedoch zweifach vertreten – einmal auf dem 50-Dollar-Schein mit der Festung Brimstone Hill. Zum anderen ist auf dem 100-Dollar-Schein das Gebäude der Zentralbank abgebildet, die in Basseterre, der Hauptstadt von St. Kitts und Nevis, beheimatet ist. Auch das ist ein wichtiger Unterschied der ostkaribischen Schuldenkrise zur europäischen: Hier fand sie direkt im Zentrum der Währungsunion statt, nicht in der Peripherie.

Paraguay

Wenn Piranhas am Wert knabbern

Mba'éichapa ne ko'ê – so klingt es, wenn ein Angehöriger des Volkes der Guaraní in seiner Sprache einen „Guten Morgen" wünscht. Das Indianervolk siedelt in Südamerika, vor allem in Paraguay, wo die Mehrheit der Bevölkerung auch heute noch die Sprache gleichen Namens spricht. Was lag daher näher, als auch die Währung des Landes danach zu benennen?

1943 löste der Guaraní (die Betonung liegt am Ende des Wortes auf dem í) den Peso als das offizielle Zahlungsmittel Paraguays ab.

Sieben Jahrzehnte sind seither vergangen, und die in weiten Teilen Südamerikas über lange Jahre übliche hohe Inflation hat den Wert der Scheine auch hier größtenteils aufgefressen. Heute ist der Guaraní eine der Währungen mit dem geringsten Wert weltweit, in Amerika ist er sogar in diesem Sinne ganz an der Spitze.

Fläche: 406.752 km²
Einwohner: 6,7 Mio.
Amtssprachen: Spanisch, Guaraní
1 Guaraní = 100 Céntimos
Scheine in Umlauf: 2000, 5000, 10.000, 20.000, 50.000, 100.000 Guaraníes
1 Euro = 6135 Guaraníes

Ein Euro entspricht derzeit über 6000 Guaraní. 2011 sollte deshalb eine Währungsreform stattfinden, bei der drei Nullen gestrichen werden sollten. Doch weil man zu viel Verwirrung fürchtete, wurde das Projekt dann wieder abgeblasen.

Abgebildet sind auf den Banknoten auf der Vorderseite meist wichtige Persönlichkeiten aus der Geschichte Paraguays oder Südamerikas, auf der Rückseite Gebäude oder historische Szenen.

Auf dem 10.000-Guaraní-Schein etwa ist José Gaspar Rodríguez de Francia zu sehen. Zusammen mit der Rückseite der Banknote, auf der die Unabhängigkeitserklärung des Landes vom 14. Mai 1811 in einer Szene dargestellt wird, gibt dieser Geldschein einen schönen Einblick in die ersten Jahre des Staates.

1811 folgte das Land dem Vorbild Argentiniens, das sich bereits ein Jahr zuvor für unabhängig erklärt hatte und sich dabei eigentlich auch das Gebiet des heutigen Paraguay einverleiben wollte. Dies wehrten die Paraguayer jedoch ab, verblieben zunächst treu bei der spanischen Krone. Ein Jahr später entschieden sie sich aber doch, eigene Wege zu gehen, einer der Anführer war eben jener Rodríguez de Francia, der ab 1814 und bis 1840 das Land als Diktator regierte.

Am schönsten ist jedoch wohl ausgerechnet der Schein mit dem geringsten Wert, jener zu 2000 Guaraní. Dort sind auf der Vorderseite die einzigen Frauen abgebildet, die auf den Scheinen zu sehen sind: Adela und Celsa Speratti, zwei Schwestern, die als Pädago-

ginnen das Erziehungswesen des Landes maßgeblich prägten. Die Rückseite beeindruckt vor allem durch die Farben, denn dort wird eine Flaggenparade gezeigt.

Auf der Rückseite der anderen Scheine sind dagegen meist nur Gebäude zu sehen. Zudem steht aber dort der jeweilige Wert der Banknote auch in Guaraní geschrieben, so zum Beispiel „mokoi pa su Guaraní" – 20.000 Guaraní.

Übrigens ist uns diese Sprache gar nicht so fern, wie es zunächst vielleicht scheint. Denn diverse Wörter des südamerikanischen Idioms haben auch Eingang in unseren Sprachschatz gefunden. So wurde beispielsweise aus „naná" unsere Ananas, „jaguará" verlor bei uns das „a" am Ende, „pira aña" („Teufelsfisch") dagegen ist ohne das „a" in der Mitte auch bei uns ein Fisch. „Jajuechapeve" hat sich dagegen bisher noch nicht so richtig durchgesetzt: „Auf Wiedersehen".

Peru

Vom Auf- und Untergang der Sonne

Schon seit 1863 heißt die Währung Perus immer gleich – auch wenn sie unterschiedliche Namen hatte. Das klingt paradox, die Erklärung ist aber eigentlich ganz einfach. So wurde zunächst der „Sol" eingeführt, was im Spanischen „Sonne" bedeutet. Denn um sie kreiste schon die gesamte Mythologie der Inka, und auch die ersten Flaggen Perus zeigten noch eine Darstellung der Sonne. Der Sol galt über 120 Jahre, Anfang der 80er-Jahre wurde sein Wert jedoch durch die zunehmende Inflation zerfressen. 1985 wurden daher 1000 Sol in eine Einheit der neuen Währung getauscht: den Inti. Das jedoch bedeutet in der Quechua-Sprache, die von großen Teilen der Bevölkerung gesprochen wird, nichts anderes als Sonne – der Name wechselte, die Bedeutung blieb gleich.

Fläche: 1.285.216 km²
Einwohner: 30,5 Mio.
Amtssprache: Spanisch
1 Nuevo Sol = 100 Céntimos
Scheine in Umlauf: 10, 20, 50, 100, 200 Soles
1 Euro = 3,90 Soles

Allerdings erging es dem Inti nicht anders als dem Sol, er ging sogar noch schneller im Strudel der Inflation unter. Schon 1991 war er praktisch nichts mehr wert. In einer erneuten Währungsreform feierte daher der Sol Wiederauferstehung. 1.000.000 Inti wurden damals in den Nuevo Sol getauscht, der immerhin bis heute gilt. Mehr noch: Er ist eine der stabilsten Währungen Lateinamerikas. Und noch eine Ehre wurde der Währung jüngst zuteil: Der 2011 herausgegebene 200-Nuevo-Sol-Schein wurde von der International Bank Note Society für die Wahl zur Banknote des Jahres nominiert.

Auf der Vorderseite dieses Scheines ist die heilige Rosa von Lima zu sehen, wie sie, der Welt entrückt und mit einem Kranz aus Rosen auf dem Haupt, gen Himmel blickt. Rosa, eigentlich als Isabel Flores de Oliva 1586 geboren, gab sich schon als junges Mädchen ganz der Kirche und der Hilfe für die Armen hin. Bereits zu Lebzeiten wurde sie deshalb weit über Lima hinaus bekannt. Bevor sie 1617 starb, soll sie angeblich ihren genauen Todeszeitpunkt korrekt vorhergesagt haben. Wenige Jahrzehnte später wurde sie heiliggesprochen und wird seither als Nationalheilige des Landes verehrt.

Ähnliche Verehrung erfährt heute auch José Abelardo Quiñones Gonzales, der auf dem 10-Nuevo-Sol-Schein abgebildet ist – allerdings aus völlig anderen Gründen. Er war ein Militärflieger im Krieg gegen Ecuador von 1941. Dieser Krieg war Teil der längsten militärischen Auseinandersetzung der Neuzeit, denn der Kampf um einige Territorien in der Grenzregion begann schon 1828 und endete erst 1998 mit einem Vertrag zwischen den beiden Ländern.

Der dreiwöchige Kampf von 1941 brachte Quiñones Gonzales den Tod, als er mit seinem Flugzeug abgeschossen wurde. Dabei jedoch verzichtete er darauf, sich mit dem

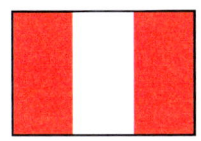

Fallschirm zu retten, und dirigierte stattdessen seine Maschine noch in die feindlichen Linien. Ein Art Kamikaze-Flug, der ihn zum Nationalhelden machte.

Auf einer älteren Version dieses Scheines war auf der Rückseite zusätzlich noch ein auf dem Rücken fliegendes Flugzeug zu sehen – wohl die einzige derartige Abbildung eines Fluggeräts auf einem Geldschein, die es je gegeben hat. Auf diese Weise sollte der Todesflug des Kriegshelden symbolisiert werden.

Heute jedoch, auf den aktuellen Scheinen, ist auf der Rückseite des gleichen Scheines etwas abgebildet, mit dem der ausländische Betrachter wohl eher etwas anzufangen weiß: Machu Picchu, die zerstörte Inkastadt inmitten der Anden, die wohl im 15. Jahrhundert erbaut worden war. Heute ist sie eine der größten touristischen Attraktionen des Landes. Verehrt wurde im Tempel in der Mitte der Anlage natürlich dereinst: die Sonne.

Surinam

Das Ende des schönen Scheins

Unsereins betrauert den Verlust der Mark. Im Vergleich zu den Niederländern haben wir es damit jedoch noch relativ gut. Denn für uns war es ein einmaliger, vielleicht für den ein oder anderen schmerzhafter Akt. Der niederländische Gulden starb dagegen gleich mehrere Tode, über mehrere Jahre hinweg.

Fläche: 163.821 km²	
Einwohner: 534.000	
Amtssprache: Holländisch	
1 Surinam Dollar = 100 Cents	
Scheine in Umlauf: 1, 2½, 5, 10, 20, 50, 100 Dollar	
1 Euro = 4,55 Dollar	

Zunächst wurde er in den Niederlanden selbst durch den Euro ersetzt. Im Jahr 2011 schafften die Antilleninseln Bonaire, Sint Eustatius und Saba den Antillen-Gulden ab und ersetzten ihn durch den US-Dollar. Und wenige Jahre zuvor, 2004, hatte auch das südamerikanische Surinam seinen Gulden aus dem Verkehr gezogen.

Immerhin blieb diese ehemalige niederländische Kolonie aber dabei, eine eigene Währung herauszugeben, auch wenn sie diese fortan Surinam-Dollar nannte. Ästhetisch betrachtet, war die neue Währung allerdings sicher kein Gewinn. Denn die alten Scheine waren durch farbenfrohe Darstellungen der Natur des Landes geprägt. Bunte Papageien waren auf den Vorderseiten zu sehen, die Rückseiten wurden von prächtigen Blumen dominiert.

Auf den neuen Geldscheinen ist dagegen auf allen Vorderseiten lediglich ein architektonisch recht anspruchsloses Gebäude abgebildet, die Zentralbank des Landes in der Hauptstadt Paramaribo.

Kaum schmuckreicher sind die Rückseiten. Hier ist zwar wieder Natur zu sehen, allerdings lediglich Landschaften, Flussläufe, Berge, alles weit weniger farbenfroh als die Darstellungen auf den alten Gulden-Noten. Der einzige Vorteil dieser zurückhaltenden Gestaltung dürfte darin gelegen haben, dass eine Verwechslung der beiden Scheinserien definitiv ausgeschlossen ist.

Das wäre auch ein sehr schlechtes Geschäft. Denn im Zuge der Währungsumstellung wurden gleich drei Nullen gestrichen. Der alte Gulden hatte in den 90er-Jahren drastisch an Wert verloren, als die Inflation zeitweise auf über 300 Prozent gestiegen war. Nun wurde aus 1000 Surinam-Gulden ein Surinam-Dollar.

Ein wirklich gutes Geschäft haben jedoch all jene gemacht, die vor der Währungsumstellung massenhaft kleine Gulden-Münzen gehortet hatten. Denn um sich die Prägekosten zu sparen, wurden Münzen im Wert von weniger als fünf Gulden kurzerhand zu gültigen Münzen der neuen Währung erklärt, mit dem aufgeprägten Wert. Ihr Wert hatte sich also über Nacht vertausendfacht. Da ein Gulden vor der Währungsumstellung jedoch umge-

rechnet gerade mal etwa 0,03 Euro-Cent wert war, waren derartige Münzen vor 2004 kaum noch in Umlauf. Außer der prächtigen Gestaltung der Scheine ging mit der Abschaffung des Surinam-Gulden schließlich noch eine weitere Tradition zu Ende. Denn allen einstigen Gulden-Währungen – ob dem niederländischen oder den Abkömmlingen in Übersee – war eine besondere Stückelung eigen. So verfügten sie stets über eine 25er-Note. Solche Scheine sind weltweit recht selten, nur wenige Währungen nehmen eine derartige Stückelung vor.

Zu den seltenen Ausnahmen gehören heute beispielsweise noch Syrien, Haiti oder die Seychellen. Auch die estnische Krone gehörte dazu. Sie wurde jedoch Anfang 2011 durch den Euro ersetzt. Mit dem Surinam-Gulden ist daher nicht nur eine der letzten Bastionen des Gulden, sondern auch ein weiterer Vertreter der 25er-Schein-Länder verschwunden.

Trinidad und Tobago

Der ferne Nachbar

Geografisch trennen Trinidad und Tobago nur elf Kilometer von Venezuela. Doch tatsächlich liegen Welten zwischen den beiden Staaten. Denn während in Venezuela sehr zweifelhafte Volkstribune die Politik beherrschen und die Wirtschaft seit Jahren von Misswirtschaft, Inflation und Korruption zerfressen wird, basiert die Politik in Trinidad und Tobago auf einem Zwei-Kammer-Parlament nach Westminster-Vorbild, und wirtschaftlich gehören die beiden Inseln zu den reichsten der Karibik.

Fläche: 5128 km²
Einwohner: 1,3 Mio.
Amtssprache: Englisch
1 Trinidad und Tobago Dollar = 100 Cents
Scheine in Umlauf: 1, 5, 10, 20, 50, 100 Dollar
1 Euro = 8,85 Dollar

Doch eines haben beide Staaten erstaunlicherweise dann doch gemeinsam: Die Währung ist praktisch gleich viel wert. Für einen Euro gab es im Frühjahr 2014 rund 8,50 venezolanische Bolívar oder 8,60 Trinidad-und-Tobago-Dollar.

Diese Angleichung ist allerdings recht neuen Datums und direkte Folge der Inflation in Venezuela. Noch Ende 2009 gab es für einen Euro nur rund drei venezolanische Bolívar. Der Dollar von Trinidad und Tobago hat sich seither dagegen kaum im Wert verändert.

Ursprünglich wurden sowohl die Inseln als auch Venezuela zwar von Christoph Kolumbus für Spanien in Besitz genommen, 1797 sicherten sich jedoch die Briten Trinidad und Tobago. Diese wurden erst 1958 unabhängig, während Venezuela schon Anfang des 19. Jahrhunderts die Kolonialherrschaft abschüttelte.

Auch in der Gestaltung der Scheine gehen die Länder unterschiedliche Wege. Während Venezuela über farbenprächtige Banknoten verfügt, auf denen historische Persönlichkeiten und die Vielfalt der Flora und Fauna dargestellt werden, sind die Banknoten von Trinidad und Tobago deutlich zurückhaltender.

So dominiert auf der Vorderseite stets das Staatswappen. Nur in der linken Ecke ist jeweils ein Vogel abgebildet, der auf den Inseln heimisch ist. So ist auf der 1-Dollar-Note der Rote Ibis (deutsch auch Scharlachsichler) zu sehen, der in natura leuchtend rot ist, auf den Scheinen jedoch nur in einem blassen grau-rot dargestellt wird, da man offenbar beim Druck an Farbe sparen wollte.

Ganz ähnlich ist dies beim so genannten Blaukopf-Motmot auf der 5 Dollar-Note, dessen blauen Kopf man ebenfalls vergeblich sucht. Nur der Rotkopf-Kardinal auf dem Schein zu 50 Dollar sticht tatsächlich durch einen gesonderten roten Farbtupfer auf seinem Köpfchen hervor.

Auf den Rückseiten prangt stets der architektonisch eher simple, moderne Turm der Zentralbank. Ergänzt wird er mal um eine Marktszene, mal um einen Industriekomplex. Und

schließlich gesellt sich auf dem 100-Dollar-Schein eine Ölplattform hinzu. Denn die Ölförderung ist die wichtigste Einnahmequelle des Landes – genau wie in Venezuela.

Diese Gemeinsamkeit dürfte auch bis auf Weiteres erhalten bleiben. Die andere dagegen, der annähernd gleiche Wert der beiden Währungen, dürfte eine vorübergehende Erscheinung bleiben. Denn Venezuelas politische Führung tut seit einigen Jahren alles dafür, dass die Wirtschaft weiter leidet und die venezolanische Währung weiter verfällt.

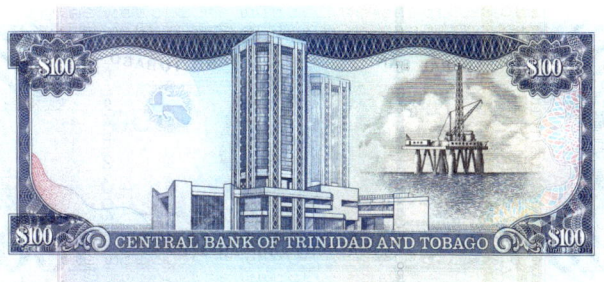

Uruguay

Schwarz und Weiß und Malerei

Sie tanzen, mit großen Hüten auf dem Kopf und bunten Kleidern am Leib. Eine Szene aus einem Salon des 19. Jahrhunderts, festgehalten und gemalt von Pedro Figari, einem der großen Maler Uruguays. „Baile Antiguo" (Alter Tanz) nannte er das Bild, das heute auf dem 200-Peso-Schein zu sehen ist. Und alt war der Tanz schon, als er ihn malte. Denn Figari wurde zwar 1861 geboren, er begann aber erst mit 60 Jahren, also weit im 20. Jahrhundert, sich ganz der Malerei zu widmen.

Er schuf einen eigenen Stil, der ein wenig an die naive Malerei erinnert. Vornehmlich stellte er Szenen des Alltags dar, dabei auch immer wieder Tanzszenen, und oft dominierten auf den Bildern Menschen der schwarzen Minderheit des Landes. Auf dem Bild, das der Schein zeigt, sind jedoch ausschließlich Weiße dargestellt. Ganz wie auch auf den anderen Banknoten.

Sie zeigen diverse weitere Poeten, Musiker, Gelehrte und Politiker. So ist auf dem 20-Peso-Schein Juan Zorrilla de San Martín zu sehen, ein Nationaldichter. Sein bekanntestes Werk ist das Gedicht „Tabaré", ein Epos aus 4736 Versen aus dem Jahr 1888. Auch hier geht es um den Gegensatz von Schwarz und Weiß, nämlich um die Liebe des Indios Tabaré zu einer Spanierin, die bezeichnenderweise Blanca heißt. Auf der Rückseite des Scheins findet sich ein handschriftlicher Auszug des Gedichts.

Auch die anderen Scheine verbleiben weitgehend im 19. Jahrhundert und zeigen Persönlichkeiten jener Zeit – allesamt Männer. Der Schein mit dem höchsten Wert von 2000 Pesos stellt dabei Dámaso Antonio Larrañaga vor, der von 1771 bis 1848 lebte. In die Zeit des Priesters und Politikers fielen die Unabhängigkeit des Landes (1830) sowie der Große Krieg (Guerra Grande) von 1839 bis 1851. Kontrahenten waren dabei die konservativen „Blancos" (Weiße) und die eher liberalen „Colorados" (Farbige beziehungsweise Rote). Und beide politischen Lager bestehen auch bis heute fort.

Der Schein zu 100 Pesos greift immerhin ins 20. Jahrhundert, denn er zeigt den Komponisten Eduardo Fabini, der von 1882 bis 1950 lebte. Die Rückseite führt dafür zeitlich umso weiter zurück, denn dort ist der griechische Gott Pan zu sehen, passend mit einer Panflöte in den Händen.

Die einzige Frau auf einem Geldschein des Landes ist Juana de Ibarbourou, die auf der Note zu 1000 Pesos abgebildet ist. Sie war eine der großen Dichterinnen des Landes, vor allem auf dem Gebiet der Liebes- und Naturlyrik. Passend dazu sind auf der Rückseite

Fläche: 176.215 km²
Einwohner: 3,3 Mio.
Amtssprache: Spanisch
1 Uruguayischer Peso = 100 Centésimos
Scheine in Umlauf: 20, 50, 100, 200, 500, 1000, 2000 Pesos
1 Euro = 31,38 Pesos

des Scheines einige Bücher von ihr sowie eine Handschrift abgebildet.
Ibarbarou war aber gleichzeitig auch eine der ersten Feministinnen, und zugleich eine Vertreterin der sogenannten Hispanidad (Hispanität). Sie regte dabei die Schaffung einer eigenen „Fahne der Hispanität" an. Diese Bewegung erfreute sich vor allem in der ersten Hälfte des 20. Jahrhunderts großen Zuspruchs in Spanien und Südamerika und betonte die enge Verbindung der spanischsprachigen Welt. Allerdings stand sie ideologisch auch der Diktatur Francos in Spanien nahe. Auch hier liegen also schwarz und weiß wieder nahe beieinander.

USA

Wann kommt der 100.000-Dollar-Schein zurück?

Alle debattieren heute über die Staatsschulden, auch in den USA. Abgesehen von den unmittelbaren Gefahren steckt dahinter meist auch die Frage, wohin das alles führen wird – kommt es zu einer galoppierenden Inflation? Immerhin flutet die US-Notenbank seit einigen Jahren die gesamte Welt mit Dollar.

Während Deutschland schon zweimal Phasen der totalen Geldentwertung erlebt hat, wäre dies für die USA neu. Dennoch wäre das Land darauf vorbereitet, zumindest was die Banknoten betrifft. Denn zwar ist der Dollar-Schein mit dem höchsten Wert aktuell die 100-Dollar-Note. Doch es gab in der Vergangenheit bereits Scheine mit weit höherem Wert. Bis 1945 wurden auch Scheine im Wert von 500, 1000, 5000 und sogar 10.000 Dollar gedruckt. Und diese sind bis heute sogar legales Zahlungsmittel.

Allerdings ist es höchst unwahrscheinlich, dass im Alltag einer der Scheine auftaucht, denn sie wurden 1969 von der Notenbank eingezogen. Bei Bedarf, sprich im Falle einer galoppierenden Inflation wären sie aber sicher schnell zu reaktivieren. Dann würden auch die inzwischen verschwundenen Antlitze einiger Präsidenten wieder in den Geldbeuteln der Amerikaner auftauchen: William McKinley (1897-1901) auf dem Schein zu 500 Dollar, Grover Cleveland (1885-89 und 1893-97) auf dem 1000er und James Madison (1809-1817) auf dem 5000er. Den 10.000-Dollar-Schein zierte indes Salmon P. Chase, der es nicht zum Präsidenten gebracht hatte, der aber als Finanzminister unter Abraham Lincoln in den Jahren 1861/62 das Papiergeld eingeführt hatte.

Bis dahin gab es nur Dollar-Münzen, bereits seit der Unabhängigkeit. Davor wiederum waren in den britischen Kolonien Nordamerikas vor allem spanische Münzen in Gebrauch, die auch als spanische Dollar bezeichnet wurden, wobei das Wort „Dollar" auf „Taler" zurückgeht. Dieser Name wurde dann auch für die eigene Währung gewählt. Heute ist der Dollar nicht nur in den USA gesetzliches Zahlungsmittel, sondern auch auf der Insel Bonaire, in Ecuador, El Salvador, auf den Jungferninseln, den Marshall-Inseln, in Mikronesien, auf Palau, in Panama, Ost-Timor, auf Saba, Sint Eustatius sowie den Turks und Caicos Inseln

Schon die ersten Scheine hatten die typische grüne Farbe, die den Dollar heute noch unverwechselbar macht. Wegen dieser Farbe wurden die Scheine auch von Beginn an als „Laubfrosch" bezeichnet, englisch: Greenback. Diese Bezeichnung hat sich ebenfalls bis heute gehalten.

Fläche:	9.826.675 km²
Einwohner:	316,3 Mio.
Amtssprache: Englisch	
1 Dollar = 100 Cents	
Scheine in Umlauf: 1, 2, 5, 10, 20, 50, 100 Dollar	
1 Euro = 1,39 Dollar	

Vielerlei Mythen und Legenden ranken sich um die Gestaltungselemente auf den amerikanischen Scheinen. Auf der Rückseite der 1-Dollar-Banknote ist beispielsweise eine unvollendete Pyramide zu sehen, über der ein Dreieck schwebt, in dem ein Auge abgebildet ist.

Dieses Symbol wird von Verschwörungstheoretikern gerne mit dem geheimen Illuminatenorden in Verbindung gebracht. Dazu passt natürlich, dass darunter der lateinische Ausdruck „Novus Ordo Seclorum" geschrieben steht, übersetzt bedeutet dies „Neue Weltordnung". Letztlich gibt es für all die Symbole auf den Scheinen jedoch recht simple Erklärungen, die mit der Entstehungsgeschichte der Vereinigten Staaten von Amerika zusammenhängen.

Die allseits bekannte Formel „In God We Trust" („Wir vertrauen auf Gott"), die heu-

te die Dollar-Scheine ziert, ist auf den Banknoten jedoch noch gar nicht so lange abgedruckt. Sie wurde erst 1957 hinzugefügt.

Übrigens gab es in den 30er-Jahren sogar einen 100.000-Dollar-Schein, auf dem Präsident Woodrow Wilson (1913-1921) abgebildet war. Dieser war jedoch nicht in Umlauf, diente nur für Transaktionen zwischen Finanzministerium und Notenbank. Dafür bedürfte es heute indes wohl eher Milliarden- oder Billionen-Dollar-Scheinen.

Venezuela

Aufrechter Volksheld mit Schwindsucht

Eine starke Wirtschaft, ein starker Bolívar, ein starkes Land – mit diesem Slogan hatte der venezolanische Präsident Hugo Chávez am 1. Januar 2008 eine neue Währung eingeführt: den Bolívar Fuerte, den starken Bolívar. Dieser ersetzte den zuvor geltenden Bolívar (ohne Fuerte), indem bei der Umstellung drei Nullen gestrichen wurden – aus 1000 alten Bolívar wurde nun ein starker.

Damit sollte eine neue Zeit beginnen, ein Ende der galoppierenden Inflation eingeläutet werden, die über die Jahre das Geldsystem des Ölexporteurs zerfressen hatte. Doch eine Währung wird nicht allein dadurch stark, dass man sie so nennt. Dazu bedarf es auch einer starken, sprich: stabilitätsorientierten Wirtschaftspolitik. Die jedoch fehlt in Venezuela nach wie vor.

Fläche: 916.445 km²
Einwohner: 28,9 Mio.
Amtssprache:Spanisch
1 Bolívar Fuerte = 100 Céntimos
Scheine in Umlauf: 2, 5, 10, 20, 50, 100 Bolívares
1 Euro = 8,75 Bolívares

Und so machte der Bolívar Fuerte nach wenigen Monaten wieder schlapp. Schon am 11. Januar 2010, etwas mehr als zwei Jahre nach Einführung, wurde die neue Währung erneut abgewertet.

Statt des zuvor geltenden Wechselkurses von 2,10 Bolívares je US-Dollar wurde ein zweigeteiltes Wechselkurssystem eingeführt – für Importe wichtiger Produkte wie Lebensmittel oder für Überweisungen von im Ausland lebenden Venezolanern galt ein Kurs von 2,60 Bolívares je Dollar, für alle anderen betrug er 4,30 Bolívares. Doch auch 2010 betrug die Inflationsrate wieder knapp 27 Prozent, so dass Anfang 2011 diese Zweiteilung wieder aufgehoben wurde – von da an galt der Kurs von 4,30 Bolívares für alle Importe. Und Anfang 2013 erfolgte eine erneute Abwertung, diesmal fiel der Kurs auf 6,28 Bolívar je Dollar.

Es ist ein einziges Debakel, von dem der Namensgeber der Währung zum Glück nichts mitbekommt. Simón Bolívar wurde 1783 in Cáracas geboren und gilt als der wichtigste Unabhängigkeitskämpfer Südamerikas. Er begründete zusammen mit Francisco de Paula Santander die Republik Neugranada, aus der auch Venezuela hervorging. 1830 starb er, und schon bald danach begann die Heldenverehrung in vielen Staaten des Kontinents.

Venezuela benannte schließlich ihm zu Ehren 1879 seine Währung von Venezolano in Bolívar um. Über Jahrzehnte galt er als besonders stabil und war international anerkannt. Venezolanische Goldmünzen erfreuen sich sogar bis heute unter Sammlern noch einer gewissen Beliebtheit. Ganz anders ist es dagegen beim Papiergeld. Seit der Ölpreis ab 1983 verfiel, sank dessen Wert unaufhörlich. Und die Politik von Hugo Chávez beschleunigte dies trotz des inzwischen wieder gestiegenen Ölpreises.

Vielleicht um den Freiheits-
helden nicht restlos zu bla-
mieren, ist er seit der Umstellung von 2008 nur noch
auf dem 100er-Schein zu
sehen. Bis zum Ende der
90er-Jahre schmückte er
dagegen fast alle Banknoten.
Heute sind auf den Vorderseiten dagegen auch andere
historisch bedeutende Persönlichkeiten zu sehen, so
beispielsweise Guaicai-
puro auf der Banknote zu
10-Bolívar. Er war
Häuptling einiger karibi-
scher Stämme und
kämpfte in der Mitte des
16. Jahrhunderts gegen
die spanischen Eroberer.
Die Rückseiten schmü-
cken Darstellungen der
reichen Tierwelt des
Landes.
Die Vorderseiten weisen
aber noch eine weitere
Besonderheit auf. Denn
alle Personen sind hier
hochkant abgebildet.
Dadurch stehen Simón
Bolívar und seine Kolle-
gen also immerhin noch
aufrecht, trotz der
Schwindsucht der vene-
zolanischen Währung.

Register

Sint Eustatius	US-Dollar	Cent	72
Sint Maarten	Antillen Gulden	Cent	32
Trinidad und Tobago	Trinidad und Tobago Dollar	Cent	68
Turks und Caicos Inseln	US-Dollar	Cent	72
USA	US-Dollar	Cent	72
Venezuela	Bolívar	Céntimo	74

Hinweis

Dieses Buch enthält eine Auswahl jener Artikel der Serie „Schein-Welt" aus der „Welt am Sonntag", die sich mit den Banknoten der Staaten Nord– und Südamerikas beschäftigen. Diese Artikel wurden vollständig überarbeitet und aktualisiert wurden. Stand der Angaben ist Mitte März 2014.

Die komplette Serie mit Artikeln zu sämtlichen Währungen der Welt ist ebenfalls in Form eines Buches erschienen. Zudem wurden Bücher zu den Währungen der Länder der anderen Erdteile veröffentlicht. Nähere Informationen zu den anderen Bänden wie Titel und Bestellnummern finden sich auf der Internet-Seite

www.schein-welt.info

Dort finden Sie auch ein Kontaktformular, über das Sie mit dem Autor in Kontakt treten können, beispielsweise um auf Fehler aufmerksam zu machen oder Anregungen für künftige Ausgaben zu geben. Oder auch, um Freude oder Lob auszudrücken.

So treten Sie mit dem Autor in Kontakt:

Homepage: www.frankstocker.de
Facebook: www.facebook.com/frankh.stocker
Google Plus: gplus.to/Frank.Stocker
Twitter: www.twitter.com/FrankStocker
Linkedin: de.linkedin.com/in/Frank.Stocker
Xing: www.xing.com/profile/Frank_Stocker2